나홀로 작성, 접수, 마무리까지

지급명령
신청방법

편저 : 대한법률편찬연구회
(콘텐츠 제공)

대여금 청구·물품대금 청구·공사대금 청구·소액임금 청구 사례

구매자에 한하여 해당서식 1통 무료증정
* 자세한 내용은 본서적 판권지 참조

나홀로 쉽게 작성하고 접수하는 사례집

지급명령 신청방법

편저 : 대한법률편찬연구회
(콘텐츠 제공)

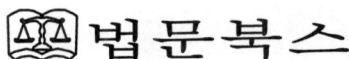 법문북스

머 리 말

독촉절차 지급명령이란 금전 기타 대체물 또는 유가증권의 일정한 수량의 지급을 목적으로 하는 청구에 관한 특별소송절차입니다.

지급명령은 금전 등의 분쟁을 간이·신속하게 해결하기 위한 소송절차로서, '이행의 소'의 대용절차인 동시에 판결절차의 선행절차이기도 합니다.

지급명령은 채무자를 소환하여 심문하거나 진술의 기회를 주지 않고 즉 채무자의 참여 없이 채권자의 주장만을 근거로 하여 지급명령을 발하게 됩니다.

채무자가 지급명령정본을 송달받고 2주일(14일) 이내에 이의를 신청하지 않으면 그 명령에 확정력과 집행력이 부여됩니다.

채권자는 독촉절차를 이용할 수도 있고, 곧바로 이행의 소를 제기할 수도 있는 선택의 자유를 가집니다. 그러나 지급명령에 대하여 이의기간 내에 채무자의 이의신청이 있으면 판결절차로 옮겨져 정식소송이 제기된 것으로 보며, 법원은 민사소송법 제472조에 의하여 변론기일을 지정하여 재판하게 됩니다.

지급명령에 대하여 채무자의 이의신청이 없거나 이의신청을 취하하거나 각하의 결정이 확정된 때에는 지급명령은 확정됩니다.

독촉절차는 채무자의 보통재판적 소재지의 지방법원이나 근무지 또는 사무소·영업소 소재지 관할법원의 전속 관할에 속하며 민사소송법 제8조에 따른 의무이행지 법원이 관할법원에 추가됨에 따라 채권자는 자기의 주소지 법원에 지급명령을 신청할 수 있습니다.

17년 12월

차 례

나, 물품대금 청구의 독촉사건

다, 공사대금 청구의 독촉사건

라, 소액임금 청구의 독촉사건

1장 지급명령신청 시 방법과 절차

제1절 지급명령신청에 대하여 꼭 알아야 할 사항

1. 지급명령신청을 하시려면 채무자의 인적사항을 제대로 아는 경우 신청하여야 합니다.

   왜냐하면 **첫째**, 지급명령신청에는 공시송달을 할 수 없기 때문에 지급명령이 채무자에게 송달되지 않으면 채무자에 대한 주민등록을 조회할 수도 없고 결국 지급명령신청은 각하될 수 있기 때문입니다.

   둘째, 채무자의 인적사항이 지급명령에 누락된 채 지급명령이 확정되었다 하더라도 후일 변제하지 않아 강제집행을 하려고 해도 집행력 있는 지급명령정본 상에 채무자의 주민등록번호가 없으면 동일인임을 증명할 수 없는 것이므로 채무자를 비롯하여 그 가족들이 집행을 거부하면 결국 강제집행을 할 수 없습니다.

2. 지급명령신청에는 사실조회를 신청할 권한이 없으므로 채무자에 대한 인적사항을 제대로 알지 못하고 채무자의 기본정보 즉 휴대전화나 계좌번호나 사업자등록번호 등으로 사실조회를 하여 인적사항을 알아내야 한다면 바로 일반소송으로 제기하는 것이 훨씬 수월하게 해결할 수 있습니다.

3. 대부분은 무턱대고 채무자의 인적사항을 모르면서 지급명령신청을 하였다가 채무자의 인적사항을 모르는 바람에 상당한 시일이 지나도록 송달을 하지 못하고 있다가 한참 후에서야 소제기신청을 하는 등 어려움을 겪고 시간은 시간대로 지체되거나 지급명령신청이 주소를 보정하지 못해 각하되는 경향이 많습니다.

4. 그래서 지급명령신청은 보충송달 등의 방법으로 지급명령을 채무자에게 송달할 수 있는 경우는 독촉절차에 의할 수 있겠으나 채무자에게 공시송달만이 가능한 경우를 위하여 두 가지 길을 마련하고 있습니다.

   하나는, 채권자는 법원으로부터 채무자의 주소를 보정하라는 명령을 받은 경우

에 소제기신청을 할 수 있고,

또 하나는 지급명령을 채무자에게 공시송달에 의하지 아니하고는 송달할 수 없거나 외국으로 송달하여야 할 경우 법원에서 직권에 의한 결정으로 사건을 소송절차에 부칠 수 있습니다.

5. 소제기신청으로 지급명령신청 사건이 본안법원으로 옮겨온 경우 본안재판장은 채권자가 공시송달에 의한 판결을 받을 목적으로 소제기신청을 하고 채무자의 주민등록이 직권 말소되어 공시송달의 요건을 갖추고 있는 경우 바로 제1회의 변론기일을 지정하고 공시송달 할 것을 명하고 변론을 종결할 수 있도록 준비할 것을 명하여야 합니다.

제2절 관할법원에 대한 이해

독촉절차는 지급명령신청시를 기준으로 하여 채무자의 보통재판적 민사소송법 제3조(사람의 보통재판적은 그의 주소에 따라 정한다. 다만, 대한민국에 주소가 없거나 주소를 알 수 없는 경우에는 거소에 따라 정하고, 거소가 일정하지 아니하거나 거소도 알 수 없으면 마지막 주소에 따라 정한다.) 제4조(대사·공사 등의 보통재판적) 대사·공사, 그 밖에 외국의 재판권 행사대상에서 제외되는 대한민국 국민이 제3조의 규정에 따른 보통재판적이 없는 경우에는 이들의 보통재판적은 대법원이 있는 곳으로 한다.) 제5조(법인 등의 보통재판적) ① 법인, 그 밖의 사단 또는 재단의 보통재판적은 이들의 주된 사무소 또는 영업소가 있는 곳에 따라 정하고, 사무소와 영업소가 없는 경우에는 주된 업무담당자의 주소에 따라 정한다. ② 제1항의 규정을 외국법인, 그 밖의 사단 또는 재단에 적용하는 경우 보통재판적은 대한민국에 있는 이들의 사무소·영업소 또는 업무담당자의 주소에 따라 정한다.) 제6조(국가의 보통재판적) 국가의 보통재판적은 그 소송에서 국가를 대표하는 관청 또는 대법원이 있는 곳으로 한다.) 소재지의 지방법원이나 근무지 제7조(근무지의 특별재판적) 사무소 또는 영업소에 계속하여 근무하는 사람에 대하여 소를 제기하는 경우에는 그 사무소 또는 영업소가 있는 곳을 관할하는 법원에 제기할 수 있다.), 거소지 또는 의무이행지 제8조(거소지 또는 의무이행지의 특별재판적) 재산권에 관한 소를 제기하는 경우에는 거소지 또는 의무이행지의 법원에 제기할 수 있다.), 어음·수표의 지급지 제9조(어음·수표 지급지의 특별재판적) 어음·수표에 관한 소를 제기하는 경우에는 지급지의 법원에 제기할 수 있다.), 사무소·영업소가 있는 사람에 대하여 그 사무소·영업소 소재지 제12조(사무소·영업소가 있는 곳의 특별재판적) 사무소 또는 영업소가 있는 사람에 대하여 그 사무소 또는 영업소의 업무와 관련이 있는 소를 제기하는 경우에는 그 사무소 또는 영업소가 있는 곳의 법원에 제기할 수 있다.), 불법행위지 제463조(독촉절차는 채무자의 보통재판적이 있는 곳의 지방법원이나 제7조 내지 제9조 제12조 또는 제18조의 규정에 의한 관할법원의 전속관할로 한다.)의 지방법원의 전속관할에 속합니다.

민사소송법 제8조(거소지 또는 의무이행지의 특별재판적) 재산권에 관한 소를 제기하는 경우에는 거소지 또는 의무이행지의 법원에 제기할 수 있다.)에 따른 의무이행지 법원이 관할법원에 추가됨에 따라, 채권자는 자기의 주소지 법원에 지급명령을 신청할 수 있게 되었습니다.

그러나 관련사건의 관할(제25조), 합의관할(제29조), 변론관할(제30조) 등의 규정은 적용될 수 없습니다.

다만, 예외적으로 방문판매등에관한법률 제57조(독점규제 및 공정거래에 관한 법률의 준용), 할부거래에관한법률 제16조(소비자의 항변권)가 각기 소비자를 보호하기 위하여 소비자(매수인)의 주소, 거소지 관할법원을 전속관할로 규정하고 있습니다.

위에서 본 전속관할을 위반하면 독촉절차의 특성에 따라 지급명령신청은 관할법원으로 이송하지 아니하고 각하합니다.

지급명령신청은 청구금액에 제한이 없이 지방법원이나 지방법원지원에서는 단독판사 또는 사법보좌관이 담당하고, 시법원이나 군법원에서도 지급명령을 처리합니다.

제3절 지급명령신청 시 첨부하는 인지 계산

지급명령신청에는 제1심 소장에 붙일 인지의 10분지 1에 해당하는 인지를 붙여야 합니다.

붙여야할 인지액 계산은 소제기에 준하여 소송목적의 값을 정하고 이에 따른 인지액을 아래와 같이 산출한 후 그 10분의 1에 해당하는 인지를 지급명령신청에 붙이면 됩니다.

다만, 대법원 규칙이 정하는 바에 의하여 인지의 첨부에 갈음하여 당해 인지액 상당의 금액을 현금이나 신용카드 또는 직불카드 등으로 납부하게 할 수 있는 바, 현행 규정으로는 지급명령신청에 첨부할 인지액이 **10,000원** 이상일 경우에는 현금으로 납부하여야 하고, 또한 인지액 상당의 금액을 현금으로 납부할 수 있는 경우 이를 수납은행(대부분 법원 안에 있음) 또는 인지납부대행기관의 인터넷 홈페이지에서 인지납부대행기관을 통하여 신용카드 등으로도 납부할 수 있습니다.(민사소송등인지규칙 제27조 제1항 및 제28조의2 제1항).

1. 소송목적의 값이 1,000만 원 미만의 경우

소가×0.005÷10 = 인지액입니다.
예를 들어 청구금액이 9,876,543원이면 9,876,543×0.005÷10 = 4,938원이 되는데 여기서 끝부분 100원 미만을 버리면 실제 납부할 **인지는 4,900원**이 됩니다.

2. 소송목적의 값이 1,000만 원 이상 1억 원 미만의 경우

소가×0.0045+5,000÷10 = 인지액입니다.
예를 들어 청구금액이 22,972,500원이면 22,972,500×0.0045+5,000÷10 = 10,037원이 되는데 여기서 끝부분 100원 미만을 버리면 실제 납부할 **인지는 10,800원**이 됩니다.

3. 소송목적의 값이 1억 원 이상 10억 원 미만의 경우

소가×0.0040+55,000÷10 = 인지액입니다.
예를 들어 청구금액이 876,123,871원이면 876,123,871×0.0040+55,000÷10
= 355,949원이 되는데 여기서 끝부분 100원 미만을 버리면 실제 납부할 인지
는 355,900원이 됩니다.

4. 소송목적의 값이 10억 원 이상 청구금액에 제한이 없음

소가×0.0035+555,000÷10 = 인지액입니다.
예를 들어 청구금액이 3,123,987,345원이면 3,123,987,345×0.0035+555,000÷10
= 1,148,895원이 되는데 여기서 끝부분 100원 미만을 버리면 실제 납부할 인지
는 1,148,800원이 됩니다.

현행 규정으로는 지급명령신청에 첩부할 인지액이 10,000원 이상일 경우에는
현금으로 납부하여야 하고, 또한 인지액 상당의 금액을 현금으로 납부할 수 있
는 경우 이를 수납은행 또는 인지납부대행기관의 인터넷 홈페이지에서 인지납
부대행기관을 통하여 신용카드 등으로도 납부할 수 있습니다.

제4절 지급명령신청 시 예납하는 송달료 계산

지급명령신청에는 송달료를 예납하여야 합니다.

송달료 1회분은 3,700원입니다.

지급명령신청 시에는 송달료규칙처리에 따른 예규에 의하면 당사자 1인당 4회분을 예납시키고 있습니다.

송달료 계산은 채권자1인 채무자1인을 기준으로 하여 각 4회분씩 총 8회분의 **금 29,600원**의 송달료를 예납하고 그 납부서를 지급명령신청서에 첨부하면 됩니다.

여기서 당사자 1인 추가 시 추가 1인당 4회분의 **금 14,800원**의 송달료를 기준금액에 합산한 금액을 납부하면 됩니다.

예를 들어 채권자1인 채무자3인의 경우 4회분×4인의 총 16회분의 **금 59,200원**의 송달료를 예납한 납부서를 지급명령서와 같이 제출하시면 됩니다.

제5절 지급명령절차

가, 지급명령 심리

지급명령은 각하사유가 없으면 채권자의 일방적인 주장 만에 의하여 하게 됩니다. 지급명령이 송달된 후 채무자는 이의신청을 할 수 있고, 이의신청이 접수되면 통상의 소송절차로 바뀌게 됩니다.

지급명령은 채무자를 심문하거나 진술의 기회를 주지 않고, 즉 채무자의 참여없이 채권자의 주장만을 근거로 하여 지급명령을 하기 때문에 채권자의 소명도 필요 없으며, 법원으로서는 신청에 표시된 청구취지와 청구원인 만에 의하여 지급명령을 발하게 됩니다.

그러므로 지급명령은 채권자의 신청에 의한 채무자에의 이행명령으로서 그 명칭은 지급명령이고 성질은 결정입니다.

지급명령신청에 대한 심리는 주로 서면심리에 의합니다. 즉 신청서나 구술신청조서를 심사하여 기재사항의 누락, 인지, 송달료의 부족 등 흠이 있는 경우 보정할 수 없는 흠에 대하여는 바로, 보정할 수 있는 흠에 대하여는 기간을 정하여 보정을 명하고 불응할 때에는 신청서 또는 구술신청조서를 각하하여야 합니다.

나, 지급명령정본 채무자에게 송달

지급명령이 발령되면 독촉법원의 법원사무관등은 지급명령정본은 독촉절차안내서와 함께 채무자에게 먼저 송달하고, 지급명령이 채무자에게 적법하게 송달되면 재판사무시스템에 송달일자를 공증하고, 이어서 지급명령이 확정판결과 같은 효력을 가지게 된 때에는 재판사무시스템이 확정일자를 공증합니다.

위의 경우 독촉법원의 법원사무관등은 채무자 표시 옆에 아래 양식에서와 같이 송달일자와 확정일자가 표시된 지급명령의 정본 표지를 전산 출력하여 날인하는 방식으로 채권자에게 송달할 정본을 작성하여 채권자에게 송달합니다.

채권자는 법원으로부터 지급명령정본을 송달받으면 바로 채무자를 상대로 강제집행을 실시할 수 있습니다.

다, 주소보정

법원은 채무자에 대하여 지급명령정본이 송달불능 된 때에는 채권자에게 보정명령을 하게 됩니다.

라, 소제기신청

채권자는 법원으로부터 채무자의 주소에 대한 보정명령을 받은 경우 소제기신청을 할 수 있습니다.

지급명령신청은 채권자의 소제기신청에 의하여 사건이 소송으로 이행되고 채권자가 보정명령에 따라 인지를 보정하면 관할법원으로 송부합니다.

마, 본안법원에서의 공시송달

본안법원의 재판장은 채권자가 공시송달에 의한 판결을 받을 목적으로 소제기신청을 하고, 채무자의 주민등록이 직권 말소된 경우 공시송달의 요건을 갖추고 있는 경우 공시송달할 것을 명하고 변론을 종결할 수 있도록 준비할 것을 명하여야 합니다.

바, 지급명령신청의 각하

다음의 경우에는 지급명령신청을 각하하여야 합니다.

첫째, 관할에 위반한 때(민사소송법 제463조)로, 독촉사건의 관할은 전속관할이므로 채무자의 보통재판적 소재지. 근무지, 거소지 또는 의무이행지, 어음·수표의 지급지, 사무소·영업소가 있는 사람에 대하여 그 사무소 또는 영업소, 불법행위지 외의 관할을 원인으로 한 관할위반 지급명령신청은 이송할 것이 아니라 각하하여야 합니다.

둘째, 독촉절차가 적용될 수 없는 청구권에 대한 지급명령신청일 때(민사소송법 제462조 본문), 말하자면 특정물인도청구 등에 관하여 지급명령신청을 한 때입니다.

셋째, 지급명령신청의 취지로 보아 청구에 정당한 이유가 없는 것이 명백한 때에는 지급명령신청을 각하하여야 합니다. 예컨대 이자제한법에 위배된 청구인 때에도 각하할 사유에 해당합니다. 청구의 이루에 대하여 지급명령을 할 수 없는 때에 그 일부에 대하여도 각하하여야 합니다.

넷째, 지급명령을 공시송달에 의하지 아니하고는 송달할 수 없는 경우 청구원인을 소명하여야 하고 청구원인의 소명이 없는 때에는 결정으로 그 지급명령신청을 각하하여야 합니다.

사, 지급명령에 대한 이의신청

채무자는 지급명령정본을 송달받은 날부터 2주일(14일) 이내에 이의신청을 할 수 있습니다.

지급명령에 대하여 이의신청이 있으면 지급명령은 그 범위 내에서 실효되고 이의신청된 청구목적의 값에 한하여 지급명령신청 시에 소의 제기가 있는 것으로 간주하여 바로 소송절차로 옮겨집니다.

이의신청에는 특별한 방법이 없으므로 지급명령에 응할 하등의 이유가 없다는 취지만 명시되면 족하고 불복의 이유나 방어방법까지 이의신청에서 밝힐 필요는 없습니다.

아, 지급명령의 확정

지급명령에 대하여 이의신청이 없는 경우 지급명령은 확정판결과 같은 효력이 있습니다.

또한 채무자가 이의신청을 취하하였거나 이의신청이 각하되어 확정된 때에도 지급명령은 그와 같은 효력이 발생합니다.

다만, 여기서 말하는 확정판결과 같은 효력이 있다는 것은 집행력을 의미하는 것이지 기판력이 인정되는 것은 아닙니다.

2장 지급명령신청 실전 사례

지급명령신청서

채 권 자 :　○　　○　　○

채 무 자 :　○　　○　　○

소송물 가액금	금	155,000,000원
첨부할 인지액	금	67,500원
첨부한 인지액	금	67,500원
납부한 송달료	금	29,600원
비　　　　　고		

춘천지방법원 강릉지원 귀중

지급명령신청서

1.채권자

성 명	○ ○ ○	주민등록번호	생략
주 소	강원도 강릉시 ○○로 ○○, ○○○-○○○호		
직 업	상업	사무실 주 소	생략
전 화	(휴대폰) 010 - 3849 - 0000		
대리인에 의한 신 청	☐ 법정대리인 (성명 : , 연락처) ☐ 소송대리인 (성명 : 변호사, 연락처)		

2.채무자

성 명	○ ○ ○	주민등록번호	생략
주 소	강원도 강릉시 ○○로 ○○길 ○○, ○○○호		
직 업	운전업	사무실 주 소	알지 못합니다.
전 화	(휴대폰) 010 - 1248 - 0000		
기타사항	이 사건 채무자입니다.		

3.대여금청구의 독촉사건

신청취지

채무자는 채권자에게 금 155,000,000원 및 이에 대한 ○○○○. ○○. ○○.부터 이 사건 지급명령결정정본을 송달 받는 날까지는 **연 18%**, 그 다음날부터 다 갚는 날까지는 **연 15%**의 각 비율에 의한 금액 및 아래 독촉절차비용을 합한 금액을 지급하라는 지급명령을 구합니다.

- 아 래 -

금   97,100 원   독촉절차비용

- 내 역 -

금   67,500 원   수입인지
금   29,600 원   송달료

신 청 이 유

1. 채권자는 채무자에게 ○○○○. ○○. ○○. 금 255,000,000원을 대여해 주면서 변제기한은 ○○○○. ○○. ○○.까지 이자는 **월 1.5%**를 지급 받기로 한 사실이 있습니다.

2. 그런데 채무자는 상환기일에 이르러 **금 100,000,000원**만 지급하고 나머지 **금 155,000,000원**에 대해서는 변제기일이 훨씬 지났음에도 불구하고 채무이행을 하지 아니하므로 채권자는 채무자에게 여러 차례에 걸쳐 찾아가서 변제를 요구하고 전화로도 독촉하였으나 채무자는 ○○○○. ○○. ○○. 까지 지급하겠다고 하면서 지불각서까지 작성해 주고도 이를 상환하지 않고 있습니다.

3. 따라서 채권자는 채무자로부터 위 대여금 **155,000,000원** 및 이에 대한 ○ ○○○. ○○. ○○.부터 이 사건 지급명령결정정본을 송달 받는 날까지는 약정한 이자인 **연 18%**(계산의 편의상 **월 1.5%**를 연단위로 환산하였습니다), 그 다음날부터 다 갚는 날까지는 소송촉진등에관한특례법에서 정한 **연 15%**의 각 비율에 의한 이자, 지연손해금 및 독촉절차비용을 합한 금액의 지급을 받기 위하여 이 사건 지급명령신청에 이른 것입니다.

소명자료 및 첨부서류

1. 소 갑제1호증   지불각서
1. 송달료납부서
1. 인지납부확인서

○○○○ 년 ○○ 월 ○○ 일

위 채권자 : ○ ○ ○   (인)

춘천지방법원 강릉지원 귀중

당사자표시

1.채권자

성 명	○ ○ ○	주민등록번호	생략
주 소	강원도 강릉시 ○○로 ○○, ○○○-○○○호		
직 업	상업	사무실 주 소	생략
전 화	(휴대폰) 010 - 3849 - 0000		
대리인에 의한 신 청	□ 법정대리인 (성명 : , 연락처) □ 소송대리인 (성명 : 변호사, 연락처)		

2.채무자

성 명	○ ○ ○	주민등록번호	생략
주 소	강원도 강릉시 ○○로 ○○길 ○○, ○○○호		
직 업	운전업	사무실 주 소	알지 못합니다.
전 화	(휴대폰) 010 - 1248 - 0000		
기타사항	이 사건 채무자입니다.		

3.대여금청구의 독촉사건

신 청 취 지

채무자는 채권자에게 금 155,000,000원 및 이에 대한 ○○○○. ○○. ○○.부터 이 사건 지급명령결정정본을 송달 받는 날까지는 **연 18%**, 그 다음날부터 다 갚는 날까지는 **연 15%**의 각 비율에 의한 금액 및 아래 독촉절차비용을 합한 금액을 지급하라는 지급명령을 구합니다.

- 아 래 -

금   97,100 원   독촉절차비용

- 내 역 -

금   67,500 원   수입인지
금   29,600 원   송달료

신 청 이 유

1. 채권자는 채무자에게 ○○○○. ○○. ○○. 금 255,000,000원을 대여해
주면서 변제기한은 ○○○○. ○○. ○○.까지 이자는 **월 1.5%**를 지급
받기로 한 사실이 있습니다.

2. 그런데 채무자는 상환기일에 이르러 **금 100,000,000원**만 지급하고 나머지
금 155,000,000원에 대해서는 변제기일이 훨씬 지났음에도 불구하고 채무
이행을 하지 아니하므로 채권자는 채무자에게 여러 차례에 걸쳐 찾아가서
변제를 요구하고 전화로도 독촉하였으나 채무자는 ○○○○. ○○. ○○.
까지 지급하겠다고 하면서 지불각서까지 작성해 주고도 이를 상환하지 않
고 있습니다.

3. 따라서 채권자는 채무자로부터 위 대여금 155,000,000원 및 이에 대한 ○
○○○. ○○. ○○.부터 이 사건 지급명령결정정본을 송달 받는 날까지
는 약정한 이자인 **연 18%**(계산의 편의상 **월 1.5%**를 연단위로 환산하였
습니다), 그 다음날부터 다 갚는 날까지는 소송촉진등에관한특례법에서
정한 **연 15%**의 각 비율에 의한 이자, 지연손해금 및 독촉절차비용을 합
한 금액의 지급을 받기 위하여 이 사건 지급명령신청에 이른 것입니다.

- 끝 -

접수방법

1. 관할법원

이 사건은 채권자나 채무자 모두 주소가 강원도 강릉시이므로 강원도 강릉시 동해대로 3288-18(난곡동) 소재 춘천지방법원 강릉지원(033) 640-1000) 이 관할법원입니다.

2. 수입인지 계산

이 사건은 청구금액이 금 155,000,000이므로 155,000,000×0.0040+55,000÷10 = 67,500원이 됩니다.

3. 송달료금 계산

송달료는 1회분이 3,700원입니다. 이 사건은 채권자1인 채무자1인이므로 각 4회분씩 총 8회분의 금 29,600원이 됩니다.

4. 준비서류

1) 지급명령신청서 1통, 2) 당사자표시 3통, 3) 수입인지 납부서 1통,
4) 송달료 납부서 1통, 5) 소 갑제1호증의 지불각서

5. 제출하는 방법

채권자는 먼저 지급명령신청서에 소 갑제1호증의 지불각서를 첨부하여 1통을 프린트하고 이어서 당사자표시는 3통을 작성해 강원도 강릉시 동해대로

3288-18(난곡동) 소재 춘전지방법원 강릉지원으로 가시면 법원 안에 있는 수납은행의 용지함에 보시면 인지(소송 등 인지의 현금납부서) 3장으로 구성된 것을 작성하고 송달료(예납·추납)납부서 3장으로 구성된 것을 같이 작성해 수납은행 창구에 내시면 수납창구에서 인지에 대해서는 소송등 인지의 현금영수필확인서와 같은 영수증을 돌려주고 송달료에 대해서는 법원제출용과 영수증을 주면 영수증은 잘 보관하시고 법원 안에 있는 종합민원실 독촉사건(지급명령)창구에 내시면 '차'자로 된 사건번호를 적어오면 그 다음날 오후부터 대법원 나의 사건 검색창에서 위 사건번호로 사건진행상황을 모두 확인할 수 있습니다.

직접 법원으로 가실 수 없는 경우에는 위와 같이 지급명령신청서, 당사자표시, 인지납부확인서, 송달료금 납부서를 우체국으로 가서 강원도 강릉시 동해대로 3299-18(난곡동) 춘전지방법원 강릉지원 독촉사건 담당자 앞으로 보내신 후 3일 후 033) 640-1000번으로 전화하여 사건번호를 물어보시면 사건번호를 불러줍니다.

【대여금청구2】 차용증을 받지 않고 채무자의 계좌로 송금하여 대여한 대여금을 차일
피일 지체하며 지급하지 않아 청구하는 사례

지급명령신청서

채 권 자 :   ○   ○   ○

채 무 자 :   ○   ○   ○

소송물 가액금	금	5,000,000원
첨부할 인지액	금	2,500원
첨부한 인지액	금	2,500원
납부한 송달료	금	29,600원
비 고		

수원지방법원 오산시법원 귀중

지급명령신청서

1.채권자

성 명	○ ○ ○	주민등록번호	생략
주 소	경기도 화성시 ○○로 ○○, ○○○-○○○호		
직 업	회사원	사무실 주 소	생략
전 화	(휴대폰) 010 - 2278 - 0000		
대리인에 의한 신 청	☐ 법정대리인 (성명 : , 연락처) ☐ 소송대리인 (성명 : 변호사, 연락처)		

2.채무자

성 명	○ ○ ○	주민등록번호	생략
주 소	경기도 오산시 ○○로 ○○길 ○○, ○○○호		
직 업	상업	사무실 주 소	알지 못합니다.
전 화	(휴대폰) 010 - 9409 - 0000		
기타사항	이 사건 채무자입니다.		

3.대여금청구의 독촉사건

신청취지

채무자는 채권자에게 **금 5,000,000원** 및 이에 대한 지급명령결정정본이 채무자에게 송달된 그 다음날부터 다 갚는 날까지 **연 15%**의 각 비율에 의한 금액 및 아래 독촉절차비용을 합한 금액을 지급하라는 지급명령을 구합니다.

- 아   래 -

금   32,100 원   독촉절차비용

- 내   역 -

금   2,500 원   수입인지
금   29,600 원   송달료

신 청 이 유

1. 채권자는 시장에서 장사를 하고 있는 채무자의 요청에 의하여 ○○○○. ○○. ○○. 금 5,000,000원을 대여해주고 **2개월**만 사용하고 변제하기로 하여 금전을 대여한 사실이 있습니다.

2. 그런데 채무자는 상환하기로 한 기일이 훨씬 지났음에도 불구하고 채무이행을 하지 아니하므로 채권자는 채무자에게 여러 차례에 걸쳐 찾아가서 변제를 요구하였으나 채무자는 지금까지 이를 변제하지 않고 있습니다.

3. 따라서 채권자는 채무자로부터 위 대여금 5,000,000원 및 이에 대한 지급명령 결정정본이 채무자에게 송달된 그 다음날부터 다 갚는 날까지는 소송촉진등에관한특례법에서 정한 **연 15%**의 비율에 의한 지연손해금 및 독촉절차비용을 합한 금액의 지급을 받기 위하여 이 사건 지급명령신청에 이른 것입니다.

소 명 자 료 및 첨 부 서 류

1. 소 갑제1호증   온라인 송금영수증
1. 송달료납부서
1. 인지납부확인서

○○○○ 년 ○○ 월 ○○ 일

위 채권자 : ○ ○ ○   (인)

수원지방법원 오산시법원 귀중

당사자표시

1.채권자

성 명	○ ○ ○	주민등록번호	생략
주 소	경기도 화성시 ○○로 ○○, ○○○-○○○호		
직 업	회사원	사무실 주 소	생략
전 화	(휴대폰) 010 - 2278 - 0000		
대리인에 의한 신 청	☐ 법정대리인 (성명 : , 연락처) ☐ 소송대리인 (성명 : 변호사, 연락처)		

2.채무자

성 명	○ ○ ○	주민등록번호	생략
주 소	경기도 오산시 ○○로 ○○길 ○○, ○○○호		
직 업	상업	사무실 주 소	알지 못합니다.
전 화	(휴대폰) 010 - 9409 - 0000		
기타사항	이 사건 채무자입니다.		

3.대여금청구의 독촉사건

신 청 취 지

채무자는 채권자에게 금 5,000,000원 및 이에 대한 지급명령결정정본이 채무자에게 송달된 그 다음날부터 다 갚는 날까지 연 15%의 각 비율에 의한 금액 및 아래 독촉절차비용을 합한 금액을 지급하라는 지급명령을 구합니다.

- 아 래 -

금   32,100 원   독촉절차비용

- 내 역 -

금   2,500 원   수입인지

금   29,600 원   송달료

신 청 이 유

1. 채권자는 시장에서 장사를 하고 있는 채무자의 요청에 의하여 ○○○○. ○○. ○○. 금 5,000,000원을 대여해주고 2개월만 사용하고 변제하기로 하여 금전을 대여한 사실이 있습니다.

2. 그런데 채무자는 상환하기로 한 기일이 훨씬 지났음에도 불구하고 채무이행을 하지 아니하므로 채권자는 채무자에게 여러 차례에 걸쳐 찾아가서 변제를 요구하였으나 채무자는 지금까지 이를 변제하지 않고 있습니다.

3. 따라서 채권자는 채무자로부터 위 대여금 5,000,000원 및 이에 대한 지급명령결정정본이 채무자에게 송달된 그 다음날부터 다 갚는 날까지는 소송촉진등에관한특례법에서 정한 연 15%의 비율에 의한 지연손해금 및 독촉절차비용을 합한 금액의 지급을 받기 위하여 이 사건 지급명령신청에 이른 것입니다.

- 끝 -

접수방법

1. 관할법원

이 사건은 채권자는 경기도 화성시에 거주하고 있고 채무자는 경기도 오산시에 거주하고 있으므로 재산권에 관한 의무이행지 법원이 관할법원이므로 채권자의 주소지인 화성시도 관할이고 채무자의 주소지인 오산시도 관할법원이나 화성시를 관할하는 시법원이 없고 채무자의 주소지인 수원지방법원 오산시법원에서 관할하고 있으므로 경기도 오산시 법원로 65(궐동) 소재 수원지방법원 오산시법원(031) 374-0288)이 전속 관할법원입니다.

2. 수입인지 계산

이 사건은 청구금액이 금 5,000,000이므로 5,000,000×0.005÷10 = 2,500원이 됩니다.

3. 송달료금 계산

송달료는 1회분이 3,700원입니다. 이 사건은 채권자1인 채무자1인이므로 각 4회분씩 총 8회분의 금 29,600원이 됩니다.

4. 준비서류

1) 지급명령신청서 1통, 2) 당사자표시 3통, 3) 수입인지 납부서 1통, 4) 송달료 납부서 1통, 5) 소 갑제1호증의 온라인 송금영수증

5. 제출하는 방법

　　채권자는 지급명령신청서에 소 갑제1호증의 온라인 송금영수증을 첨부하여 **1통**을 프린트하고 이어서 당사자표시 **3통**을 작성해 오산시에 가시면 신한은행을 찾아가면 인지와 송달료금을 납부할 수 있고 아니면 경기도 오산시 법원로 65(궐동) 오산시법원 바로 앞에 있는 농협에 가서서 인지(소송등 인지의 현금납부서) **3장**으로 구성된 것을 작성하고 송달료(예납·추납)납부서 **3장**으로 구성된 것을 같이 작성해 수납은행 창구에 내시면 수납창구에서 인지에 대해서는 소송등 인지의 현금영수필확인서와 같은 영수증을 돌려주고 송달료에 대해서는 법원제출용과 영수증을 주면 영수증은 잘 보관하시고 오산시법원으로 가시면 지급명령신청 독촉계에 내시면 '차'자로 된 사건번호를 적어오면 그 다음날 오후부터 대법원 나의 사건 검색창에서 위 사건번호로 사건진행상황을 모두 확인할 수 있습니다.

　　직접 법원으로 가실 수 없는 경우에는 위와 같이 지급명령신청서, 당사자표시, 전국 어디서나 신한은행에 가시면 소송등 인지의 현금납부서와 송달료금을 납부하시고 가까운 우체국으로 가서 경기도 오산시 법원로 65(궐동) 수원지방법원 오산시법 독촉사건 담당자 앞으로 보내신 후 **3일** 후 **031) 374-0288번** 독촉사건 지급명령 담당자에게 전화하여 사건번호를 물어보시면 사건번호를 불러줍니다.

【대여금청구3】이자를 월 2부로 지급하는 조건으로 대여하였으나 일부만 변제하고 나머지를 지급하지 않아 청구하는 사례

지급명령신청서

채 권 자 : ○ ○ ○

채 무 자 : ○ ○ ○

소송물 가액금	금	21,000,000원
첨부할 인지액	금	9,900원
첨부한 인지액	금	9,900원
납부한 송달료	금	29,600원
비 고		

인천지방법원 강화군법원 귀중

지급명령신청서

1.채권자

성 명	○ ○ ○	주민등록번호	생략
주 소	인천광역시 강화군 ○○로 ○○길 ○○, ○○○호		
직 업	농업	사무실 주 소	생략
전 화	(휴대폰) 010 - 2890 - 0000		
대리인에 의한 신 청	☐ 법정대리인 (성명 : , 연락처) ☐ 소송대리인 (성명 : 변호사, 연락처)		

2.채무자

성 명	○ ○ ○	주민등록번호	생략
주 소	경기도 김포시 ○○로 ○○길 ○○, ○○○-○○○호		
직 업	상업	사무실 주 소	알지 못합니다.
전 화	(휴대폰) 010 - 9932 - 0000		
기타사항	이 사건 채무자입니다.		

3.대여금청구의 독촉사건

신청취지

채무자는 채권자에게 금 21,000,000원 및 이에 대한 ○○○○. ○○. ○○. 부터 이 사건 지급명령결정정본을 송달 받는 날까지는 **연 24%**, 그 다음날부터 다 갚는 날까지는 **연 15%**의 각 비율에 의한 금액 및 아래 독촉절차비용을 합한 금액을 지급하라는 지급명령을 구합니다.

- 아 래 -

금   39,500 원   독촉절차비용

- 내 역 -

금   9,000 원   수입인지
금   29,600 원   송달료

신 청 이 유

1. 채권자는 채무자에게 ○○○○. ○○. ○○. 금 25,000,000원을 대여해주
   면서 변제기한은 ○○○○. ○○. ○○.까지 이자는 **월 2.0%**를 지급 받
   기로 한 사실이 있습니다.

2. 그런데 채무자는 상환기일에 이르러 **금 4,000,000원**만 지급하고 나머지
   금 21,000,000원에 대해서는 변제기일이 훨씬 지났음에도 불구하고 채무
   이행을 하지 아니하므로 채권자는 채무자에게 여러 차례에 걸쳐 찾아가
   독촉하였으나 채무자는 지금까지 차일피일 지체하면서 지급하지 않고 있
   습니다.

3. 따라서 채권자는 채무자로부터 위 대여금 **21,000,000원** 및 이에 대한 ○
   ○○○. ○○. ○○.부터 이 사건 지급명령결정정본을 송달 받는 날까지
   는 약정한 이자인 **연 24%**(계산의 편의상 **월 2.0%**를 연단위로 환산하였
   습니다), 그 다음날부터 다 갚는 날까지는 소송촉진등에관한특례법에서
   정한 **연 15%**의 각 비율에 의한 이자, 지연손해금 및 독촉절차비용을 합
   한 금액의 지급을 받기 위하여 이 사건 지급명령신청에 이른 것입니다.

소 명 자 료 및 첨 부 서 류

1. 소 갑제1호증   차용증서

1. 송달료납부서
1. 인지납부확인서

○○○○ 년 ○○ 월 ○○ 일

위 채권자 : ○ ○ ○ (인)

인천지방법원 강화군법원 귀중

당사자표시

1.채권자

성 명	○ ○ ○	주민등록번호	생략
주 소	인천광역시 강화군 ○○로 ○○길 ○○, ○○○호		
직 업	농업	사무실 주 소	생략
전 화	(휴대폰) 010 - 2890 - 0000		
대리인에 의한 신 청	☐ 법정대리인 (성명 : , 연락처) ☐ 소송대리인 (성명 : 변호사, 연락처)		

2.채무자

성 명	○ ○ ○	주민등록번호	생략
주 소	경기도 김포시 ○○로 ○○길 ○○, ○○○-○○○호		
직 업	상업	사무실 주 소	알지 못합니다.
전 화	(휴대폰) 010 - 9932 - 0000		
기타사항	이 사건 채무자입니다.		

3.대여금청구의 독촉사건

신 청 취 지

채무자는 채권자에게 금 21,000,000원 및 이에 대한 ○○○○. ○○. ○○. 부터 이 사건 지급명령결정정본을 송달 받는 날까지는 **연 24%**, 그 다음날부터 다 갚는 날까지는 **연 15%**의 각 비율에 의한 금액 및 아래 독촉절차비용을 합한 금액을 지급하라는 지급명령을 구합니다.

- 아 래 -

금   39,500 원   독촉절차비용

- 내 역 -

금   9,000 원   수입인지
금   29,600 원   송달료

신 청 이 유

1. 채권자는 채무자에게 ○○○○. ○○. ○○. 금 25,000,000원을 대여해주면서 변제기한은 ○○○○. ○○. ○○.까지 이자는 **월 2.0%**를 지급 받기로 한 사실이 있습니다.

2. 그런데 채무자는 상환기일에 이르러 **금 4,000,000원**만 지급하고 나머지 **금 21,000,000원**에 대해서는 변제기일이 훨씬 지났음에도 불구하고 채무이행을 하지 아니하므로 채권자는 채무자에게 여러 차례에 걸쳐 찾아가 독촉하였으나 채무자는 지금까지 차일피일 지체하면서 지급하지 않고 있습니다.

3. 따라서 채권자는 채무자로부터 위 대여금 **21,000,000원** 및 이에 대한 ○○○○. ○○. ○○.부터 이 사건 지급명령결정정본을 송달 받는 날까지는 약정한 이자인 **연 24%**(계산의 편의상 **월 2.0%**를 연단위로 환산하였습니다), 그 다음날부터 다 갚는 날까지는 소송촉진등에관한특례법에서 정한 **연 15%**의 각 비율에 의한 이자, 지연손해금 및 독촉절차비용을 합한 금액의 지급을 받기 위하여 이 사건 지급명령신청에 이른 것입니다.

- 끝 -

접수방법

1. 관할법원

이 사건은 채권자의 주소지는 강화군이고 채무자의 주소지는 경기도 김포시이므로 채권자는 금전을 대여한 것이므로 의무이행지인 채권자의 주소지 법원인 인천지방법원 강화군법원에 지급명령을 신청하여도 되고 채무자의 보통재판적 주소지 인천지방법원 부천지원 김포시법원도 관할법원이므로 채권자가 편리한 곳으로 선택하여 지급명령신청을 하시면 됩니다.

2. 수입인지 계산

이 사건은 청구금액이 금 21,000,000이므로 21,000,000×0.0045+5,000 ÷10 = 9,950원이 됩니다. 여기서 끝부분 100원 미만을 버리면 실제 납부할 인지액은 9,900원입니다.

3. 송달료금 계산

송달료는 1회분이 3,700원입니다. 이 사건은 채권자1인 채무자1인이므로 각 4회분씩 총 8회분의 금 29,600원이 됩니다.

4. 준비서류

1) 지급명령신청서 1통, 2) 당사자표시 3통, 3) 수입인지 납부서 1통, 4) 송달료 납부서 1통, 5) 소 갑제1호증의 지불각서

5. 제출하는 방법

　　채권자는 먼저 지급명령신청서에 소 갑제1호증의 지불각서를 첨부하여 1통을 프린트하고 이어서 당사자표시는 **3통**을 작성해 인천광역시 강화군 강화읍 강화대로 300 인천지방법원 강화군법원 주변에 있는 농협은행으로 가거나 경기도 김포시 봉화로 16(사우동) 인천지방법원 부천지원 김포시법원에 제출할 때는 법원 주변에 있는 신한은행의 용지함에 보시면 인지(소송등 인지의 현금납부서) **3장**으로 구성된 것을 작성하고 송달료(예납·추납)납부서 **3장**으로 구성된 것을 같이 작성해 수납은행 창구에 내시면 수납창구에서 인지에 대해서는 소송등 인지의 현금영수필확인서와 같은 영수증을 돌려주고 송달료에 대해서는 법원제출용과 영수증을 주면 영수증은 잘 보관하시고 법원 안에 있는 종합민원실 독촉사건(지급명령) 창구에 내시면 '차'자로 된 사건번호를 적어오면 그 다음날 오후부터 대법원 나의 사건 검색창에서 위 사건번호로 사건진행상황을 모두 확인할 수 있습니다.

　　직접 위의 법원을 선택하여 등기우편으로 보내실 경우 위와 같이 지급명령신청서1통, 당사자표시3통, 인지납부확인서, 송달료금 납부서를 우체국으로 가서 위 주소로 보내신 후 **3일** 후 강화군법원 032) 934-8948번으로 전화하고 김포시법원일 경우 031) 982-3103번으로 전화로 지급명령신청에 대한 사건번호를 물어보시면 사건번호를 불러줍니다.

【대여금청구4】 이자를 월 2부5리를 지급하는 조건으로 대여하였으나 원금과 이자를
전혀 지급하지 않아 청구하는 사례

지급명령신청서

채 권 자 : ○   ○   ○

채 무 자 : ○   ○   ○

소송물 가액금	금	40,000,000원
첨부할 인지액	금	18,500원
첨부한 인지액	금	18,500원
납부한 송달료	금	29,600원
비 고		

울산지방법원 양산시법원 귀중

지급명령신청서

1.채권자

성 명	○ ○ ○	주민등록번호	생략
주 소	경상남도 양산시 ○○로 ○○길 ○○, ○○○호		
직 업	개인사업	사무실 주 소	생략
전 화	(휴대폰) 010 - 7432 - 0000		
대리인에 의한 신 청	☐ 법정대리인 (성명 : , 연락처) ☐ 소송대리인 (성명 : 변호사, 연락처)		

2.채무자

성 명	○ ○ ○	주민등록번호	생략
주 소	경상남도 밀양시 ○○로 ○길 ○○, ○○○-○○○호		
직 업	상업	사무실 주 소	알지 못합니다.
전 화	(휴대폰) 010 - 1248 - 0000		
기타사항	이 사건 채무자입니다.		

3.대여금청구의 독촉사건

신청취지

채무자는 채권자에게 금 40,000,000원 및 이에 대한 ○○○○. ○○. ○○. 부터 이 사건 지급명령결정정본을 송달 받는 날까지는 **연 30%**, 그 다음날부터 다 갚는 날까지는 **연 15%**의 각 비율에 의한 금액 및 아래 독촉절차비용을 합한 금액을 지급하라는 지급명령을 구합니다.

- 아 래 -

금   48,100 원   독촉절차비용

- 내 역 -

금   18,500 원   수입인지

금   29,600 원   송달료

신 청 이 유

1. 채권자는 채무자의 간곡한 부탁에 의하여 ○○○○. ○○. ○○. 금 40,00
0,000원을 대여해주면서 변제기한은 ○○○○. ○○. ○○.까지 이자는 **월**
2.5%를 지급 받기로 한 사실이 있습니다.

2. 그런데 채무자는 상환기일이 지나도록 단 한 차례도 원리금을 지급하지
않고 있어 채권자는 채무자에게 여러 차례에 걸쳐 찾아가 변제를 독촉하
였으나 지금까지 차일피일 지체하면서 지급하지 않고 있습니다.

3. 따라서 채권자는 채무자로부터 위 대여금 **40,000,000원** 및 이에 대한 ○
○○○. ○○. ○○.부터 이 사건 지급명령결정정본을 송달 받는 날까지
는 약정한 이자인 **연 30%**(계산의 편의상 **월 2.5%**를 연단위로 환산하였
습니다), 그 다음날부터 다 갚는 날까지는 소송촉진등에관한특례법에서
정한 **연 15%**의 각 비율에 의한 이자, 지연손해금 및 독촉절차비용을 합
한 금액의 지급을 받기 위하여 이 사건 지급명령신청에 이른 것입니다.

소 명 자 료 및 첨 부 서 류

1. 소 갑제1호증   현금보관증
1. 소 갑제2호증   온라인 송금영수증
1. 송달료납부서

1. 인지납부확인서

○○○○ 년 ○○ 월 ○○ 일

위 채권자 : ○ ○ ○   (인)

울산지방법원 양산시법원 귀중

당사자표시

1.채권자

성 명	○ ○ ○	주민등록번호	생략
주 소	경상남도 양산시 ○○로 ○○길 ○○, ○○○호		
직 업	개인사업	사무실 주 소	생략
전 화	(휴대폰) 010 - 7432 - 0000		
대리인에 의한 신 청	□ 법정대리인 (성명 : , 연락처) □ 소송대리인 (성명 : 변호사, 연락처)		

2.채무자

성 명	○ ○ ○	주민등록번호	생략
주 소	경상남도 밀양시 ○○로 ○길 ○○, ○○○-○○○호		
직 업	상업	사무실 주 소	알지 못합니다.
전 화	(휴대폰) 010 - 1248 - 0000		
기타사항	이 사건 채무자입니다.		

3.대여금청구의 독촉사건

신 청 취 지

채무자는 채권자에게 금 **40,000,000원** 및 이에 대한 ○○○○. ○○. ○○. 부터 이 사건 지급명령결정정본을 송달 받는 날까지는 **연 30%**, 그 다음날부터 다 갚는 날까지는 **연 15%**의 각 비율에 의한 금액 및 아래 독촉절차비용을 합한 금액을 지급하라는 지급명령을 구합니다.

- 아   래 -

금   48,100 원   독촉절차비용

- 내   역 -

금   18,500 원   수입인지
금   29,600 원   송달료

신 청 이 유

1. 채권자는 채무자의 간곡한 부탁에 의하여 ○○○○. ○○. ○○. 금 40,00
0,000원을 대여해주면서 변제기한은 ○○○○. ○○. ○○.까지 이자는 **월 2.5%**를 지급 받기로 한 사실이 있습니다.

2. 그런데 채무자는 상환기일이 지나도록 단 한 차례도 원리금을 지급하지 않고 있어 채권자는 채무자에게 여러 차례에 걸쳐 찾아가 변제를 독촉하였으나 지금까지 차일피일 지체하면서 지급하지 않고 있습니다.

3. 따라서 채권자는 채무자로부터 위 대여금 40,000,000원 및 이에 대한 ○○○○. ○○. ○○.부터 이 사건 지급명령결정정본을 송달 받는 날까지는 약정한 이자인 **연 30%**(계산의 편의상 **월 2.5%**를 연단위로 환산하였습니다), 그 다음날부터 다 갚는 날까지는 소송촉진등에관한특례법에서 정한 **연 15%**의 각 비율에 의한 이자, 지연손해금 및 독촉절차비용을 합한 금액의 지급을 받기 위하여 이 사건 지급명령신청에 이른 것입니다.

- 끝 -

접수방법

1. 관할법원

이 사건은 채권자의 주소지는 양산시이고 채무자의 주소지는 경상남도 밀양시이므로 채권자는 금전을 대여한 것이므로 의무이행지인 채권자의 주소지 법원인 울산지방법원 양산시법원에 지급명령을 신청할 수 있고 채무자의 보통재판적 주소지는 창원지방법원 밀양지원도 관할법원이므로 채권자가 편리한 곳으로 선택하여 지급명령신청을 하시면 됩니다.

울산지방법원 양산시법원
경상남도 양산시 북안남5길 12(북부동 373)
전화번호 055) 388-4071-2

창원지방법원 밀양지원
경상남도 밀양시 밀양대로 1993-20(내이동)
전화번호 055) 350-2500

2. 수입인지 계산

이 사건은 청구금액이 금 40,000,000이므로 40,000,000×0.0045+5,000÷10 = 18,500원입니다.

3. 송달료금 계산

송달료는 1회분이 3,700원입니다. 이 사건은 채권자1인 채무자1인이므로 각 4회분씩 총 8회분의 금 29,600원이 됩니다.

4. 준비서류

1) 지급명령신청서 **1통**, 2) 당사자표시 **3통**, 3) 수입인지 납부서 **1통**,
4) 송달료 납부서 **1통**, 5) 소 갑제1호증의 지불각서

5. 제출하는 방법

채권자는 먼저 지급명령신청서에 소 갑제1호증 현금보관증, 소 갑제2호증 온라인 송금영수증을 첨부하여 **1통**을 작성하고 이어서 당사자표시는 **3통**을 작성해 울산지방법원 양산시법원 주변에 있는 농협은행이나 신한은행으로 가시거나 창원지방법원 밀양지원에 수납은행이 상주하므로 용지함에 보시면 인지(소송등 인지의 현금납부서) **3장**으로 구성된 것을 작성하고 송달료(예납·추납)납부서 **3장**으로 구성된 것을 같이 작성해 수납은행 창구에 내시면 수납창구에서 인지에 대해서는 소송등 인지의 현금영수필확인서와 같은 영수증을 돌려주고 송달료에 대해서는 법원제출용과 영수증을 주면 영수증은 잘 보관하시고 법원 안에 있는 종합민원실 독촉사건(지급명령) 창구에 내시면 '차' 자로 된 사건번호를 적어오면 그 다음날 오후부터 대법원 나의 사건 검색창에서 위 사건번호로 사건진행상황을 모두 확인할 수 있습니다.

직접 위의 법원을 선택하여 등기우편으로 보내실 경우 위와 같이 지급명령신청서 **1통**, 당사자표시 **3통**, 인지납부확인서, 송달료금 납부서를 우체국으로 가서 위 주소로 보내신 후 **3일** 후 울산지방법원 양산시법원 전화번호 **055) 388-4071-2**번으로 전화하고 창원지방법원 밀양지원일 경우 전화번호 **055) 350-2500번**으로 전화하여 지급명령신청에 대한 사건번호를 물어보시면 사건번호를 불러줍니다.

【대여금청구5】 차용증 없이 이자만 약정하고 송금 대여하였으나 원금 일부만 지급하고 나머지는 원리금을 청구하는 사례

지급명령신청서

채 권 자 : ○   ○   ○

채 무 자 : ○   ○   ○

소송물 가액금	금	80,000,000원
첨부할 인지액	금	36,500원
첨부한 인지액	금	36,500원
납부한 송달료	금	29,600원
비 고		

홍성지원 보령시법원 귀중

지급명령신청서

1.채권자

성 명	○ ○ ○	주민등록번호	생략
주 소	충청남도 보령시 ○○로 ○○길 ○○, ○○○호		
직 업	어업	사무실 주 소	생략
전 화	(휴대폰) 010 - 4599 - 0000		
대리인에 의한 신 청	☐ 법정대리인 (성명 : , 연락처) ☐ 소송대리인 (성명 : 변호사, 연락처)		

2.채무자

성 명	○ ○ ○	주민등록번호	생략
주 소	충청남도 예산군 예산읍 ○○로 ○○, ○○○호		
직 업	농업	사무실 주 소	알지 못합니다.
전 화	(휴대폰) 010 - 1789 - 0000		
기타사항	이 사건 채무자입니다.		

3.대여금청구의 독촉사건

신청취지

채무자는 채권자에게 금 80,000,000원 및 이에 대한 ○○○○. ○○. ○○. 부터 이 사건 지급명령결정정본을 송달 받는 날까지는 **연 24%**, 그 다음날부터 다 갚는 날까지는 **연 15%**의 각 비율에 의한 금액 및 아래 독촉절차비용을 합한 금액을 지급하라는 지급명령을 구합니다.

- 아 래 -

금   66,100 원   독촉절차비용

- 내 역 -

금   36,500 원   수입인지

금   29,600 원   송달료

신 청 이 유

1. 채권자는 채무자에게 ○○○○. ○○. ○○. 금 100,000,000원을 대여해 주면서 변제기한은 ○○○○. ○○. ○○.로 정하고 이에 대한 이자는 **월 2.0%**를 지급하기로 하여 채무자의 국민은행 계좌로 무통장송금하여 대여한 사실이 있습니다.

2. 그런데 채무자는 상환기일에 이르러 **금 20,000,000원**만 지급하고 나머지 **금 80,000,000원**에 대해서는 변제기일이 지났음에도 불구하고 채무이행을 하지 아니하고 이제는 아예 전화조차 받지 않고 변제하지 않고 있습니다.

3. 따라서 채권자는 채무자로부터 위 대여금 **80,000,000원** 및 이에 대한 ○○○○. ○○. ○○.부터 이 사건 지급명령결정정본을 송달 받는 날까지는 약정한 이자인 **연 24%**(계산의 편의상 **월 2.0%**를 연단위로 환산하였습니다), 그 다음날부터 다 갚는 날까지는 소송촉진등에관한특례법에서 정한 연 **15%**의 각 비율에 의한 이자, 지연손해금 및 독촉절차비용을 합한 금액의 지급을 받기 위하여 이 사건 지급명령신청에 이른 것입니다.

소 명 자 료 및 첨 부 서 류

1. 소 갑제1호증   온라인 송금영수증
1. 송달료납부서

- 51 -

1. 인지납부확인서

○○○○ 년 ○○ 월 ○○ 일

위 채권자 : ○ ○ ○   (인)

홍성지원 보령시법원 귀중

당사자표시

1.채권자

성 명	○ ○ ○		주민등록번호	생략
주 소	충청남도 보령시 ○○로 ○○길 ○○, ○○○호			
직 업	어업	사무실 주 소	생략	
전 화	(휴대폰) 010 - 4599 - 0000			
대리인에 의한 신 청	☐ 법정대리인 (성명 : , 연락처) ☐ 소송대리인 (성명 : 변호사, 연락처)			

2.채무자

성 명	○ ○ ○		주민등록번호	생략
주 소	충청남도 예산군 예산읍 ○○로 ○○, ○○○호			
직 업	농업	사무실 주 소	알지 못합니다.	
전 화	(휴대폰) 010 - 1789 - 0000			
기타사항	이 사건 채무자입니다.			

3.대여금청구의 독촉사건

신 청 취 지

채무자는 채권자에게 금 **80,000,000원** 및 이에 대한 ○○○○. ○○. ○○. 부터 이 사건 지급명령결정정본을 송달 받는 날까지는 **연 24%**, 그 다음날부터 다 갚는 날까지는 **연 15%**의 각 비율에 의한 금액 및 아래 독촉절차비용을 합한 금액을 지급하라는 지급명령을 구합니다.

－ 아   래 －

금   66,100 원   독촉절차비용

－ 내   역 －

금   36,500 원   수입인지
금   29,600 원   송달료

신 청 이 유

1. 채권자는 채무자에게 ○○○○. ○○. ○○. 금 100,000,000원을 대여해 주면서 변제기한은 ○○○○. ○○. ○○.로 정하고 이에 대한 이자는 **월 2.0%**를 지급하기로 하여 채무자의 국민은행 계좌로 무통장송금하여 대여한 사실이 있습니다.

2. 그런데 채무자는 상환기일에 이르러 **금 20,000,000원**만 지급하고 나머지 **금 80,000,000원**에 대해서는 변제기일이 지났음에도 불구하고 채무이행을 하지 아니하고 이제는 아예 전화조차 받지 않고 변제하지 않고 있습니다.

3. 따라서 채권자는 채무자로부터 위 대여금 **80,000,000원** 및 이에 대한 ○○○○. ○○. ○○.부터 이 사건 지급명령결정정본을 송달 받는 날까지는 약정한 이자인 **연 24%**(계산의 편의상 **월 2.0%**를 연단위로 환산하였습니다), 그 다음날부터 다 갚는 날까지는 소송촉진등에관한특례법에서 정한 **연 15%**의 각 비율에 의한 이자, 지연손해금 및 독촉절차비용을 합한 금액의 지급을 받기 위하여 이 사건 지급명령신청에 이른 것입니다.

－ 끝 －

접수방법

1. 관할법원

이 사건은 채권자의 주소지는 보령시이고 채무자의 주소지는 충청남도 예산군이므로 채권자는 금전을 대여한 것이므로 의무이행지인 채권자의 주소지 법원인 대전지방법원 홍성지원 보령시법원에 지급명령을 신청할 수 있고 채무자의 보통재판적 주소지는 대전지방법원 홍성지원 예산군법원도 관할법원이므로 채권자는 편리한 곳으로 선택하여 지급명령신청을 하시면 됩니다.

대전지방법원 홍성지원 보령시법원
충청남도 보령시 중앙로 128(대천동 423-14)
전화번호 041) 931-0501

대전지방법원 홍성지원 예산군법원
충청남도 예산군 예산읍 벚꽃로 145(산성리 674-1)
전화번호 041) 334-4387

2. 수입인지 계산

이 사건은 청구금액이 금 80,000,000이므로 80,000,000×0.0045+5,000÷10 = 36,500원입니다.

3. 송달료금 계산

송달료는 1회분이 3,700원입니다. 이 사건은 채권자1인 채무자1인이므로 각 4회분씩 총 8회분의 금 29,600원이 됩니다.

4. 준비서류

    1) 지급명령신청서 **1통**, 2) 당사자표시 **3통**, 3) 수입인지 납부서 **1통**,
    4) 송달료 납부서 **1통**, 5) 소 갑제1호증의 지불각서

5. 제출하는 방법

    채권자는 먼저 지급명령신청서에 소 갑제1호증 온라인 송금영수증을 첨부하여 **1통**을 작성하고 이어서 당사자표시는 **3통**을 작성해 대전지방법원 홍성지원 보령시법원 주변에 있는 농협은행이나 예산군법원 앞에 있는 농협은행의 용지함에 보시면 인지(소송등 인지의 현금납부서) **3장**으로 구성된 것을 작성하고 송달료(예납·추납)납부서 **3장**으로 구성된 것을 같이 작성해 수납은행 창구에 내시면 수납창구에서 인지에 대해서는 소송등 인지의 현금영수필확인서와 같은 영수증을 돌려주고 송달료에 대해서는 법원제출용과 영수증을 주면 영수증은 잘 보관하시고 법원 안에 있는 종합민원실 독촉사건(지급명령) 창구에 내시면 '차' 자로 된 사건번호를 적어오면 그 다음날 오후부터 대법원 나의 사건 검색창에서 위 사건번호로 사건진행상황을 모두 확인할 수 있습니다.

    직접 위의 법원을 선택하여 등기우편으로 보내실 경우 위와 같이 지급명령신청서 **1통**, 당사자표시 **3통**, 인지납부확인서, 송달료금납부서를 우체국으로 가서 위 주소로 보내신 후 **3일** 후 대전지방법원 홍성지원 보령시법원 전화번호 **041) 931-0501번**으로 전화하고 예산군법원일 경우 전화번호 **041) 334-4387번**으로 전화하여 지급명령신청에 대한 사건번호를 물어보시면 사건번호를 불러줍니다.

【대여금청구6】 차용증 받지 않고 여러 번 계좌로 송금 대여하였으나 원리금을 지급 하지 않아 청구하는 사례

지급명령신청서

채 권 자 : ○   ○   ○

채 무 자 : ○   ○   ○

소송물 가액금	금	27,000,000원
첨부할 인지액	금	12,600원
첨부한 인지액	금	12,600원
납부한 송달료	금	29,600원
비 고		

안동지원 영주시법원 귀중

지급명령신청서

1.채권자

성 명	○ ○ ○	주민등록번호	생략
주 소	경상북도 영주시 ○○로 ○○, ○○○-○○○호		
직 업	상업	사무실 주 소	생략
전 화	(휴대폰) 010 - 2498 - 0000		
대리인에 의한 신 청	☐ 법정대리인 (성명 : , 연락처) ☐ 소송대리인 (성명 : 변호사, 연락처)		

2.채무자

성 명	○ ○ ○	주민등록번호	생략
주 소	경상북도 안동시 ○○로 ○○길 ○○, ○○○호		
직 업	개인사업	사무실 주 소	생략
전 화	(휴대폰) 010 - 1265 - 0000		
기타사항	이 사건 채무자입니다.		

3.대여금청구의 독촉사건

신청취지

채무자는 채권자에게 금 27,000,000원 및 이에 대한 지급명령결정정본이 채무자에게 송달된 그 다음날부터 다 갚는 날까지 **연 15%**의 각 비율에 의한 금액 및 아래 독촉절차비용을 합한 금액을 지급하라는 지급명령을 구합니다.

- 아   래 -

금   42,200 원   독촉절차비용

- 내   역 -

금   12,600 원   수입인지
금   29,600 원   송달료

신 청 이 유

1. 채권자는 ○○○○. ○○. ○○. 채무자의 요청에 의하여 채무자 명의의 농협은행 예금계좌로 금 **27,000,000원**을 여러 번에 걸쳐 송금하고 대여하였습니다.

2. 채무자는 위 대여금에 대한 지급기일이 훨씬 지나도록 계속해서 미루기만 할뿐 현재에 이르기까지 위 대여금을 지급하지 않고 있습니다.

3. 따라서 채권자는 채무자로부터 위 대여금 **27,000,000원** 및 이에 대한 이 사건 지급명령결정정본을 송달 받은 그 다음날부터 다 갚는 날까지 소송촉진등에관한특례법에서 정한 **연 15%**의 비율에 의한 지연손해금 및 독촉절차비용을 합한 금액의 지급을 받기 위하여 이 사건 신청에 이르렀습니다.

소 명 자 료   및   첨 부 서 류

1. 소 갑제1호증   송금영수증
1. 송달료납부서
1. 인지납부확인서

○○○○ 년 ○○ 월 ○○ 일

위 채권자 :　○　○　○　（인）

안동지원 영주시법원 귀중

당사자표시

1.채권자

성 명	○ ○ ○	주민등록번호	생략
주 소	경상북도 영주시 ○○로 ○○, ○○○-○○○호		
직 업	상업	사무실 주 소	생략
전 화	(휴대폰) 010 - 2498 - 0000		
대리인에 의한 신 청	□ 법정대리인 (성명 : , 연락처) □ 소송대리인 (성명 : 변호사, 연락처)		

2.채무자

성 명	○ ○ ○	주민등록번호	생략
주 소	경상북도 안동시 ○○로 ○○길 ○○, ○○○호		
직 업	개인사업	사무실 주 소	생략
전 화	(휴대폰) 010 - 1265 - 0000		
기타사항	이 사건 채무자입니다.		

3.대여금청구의 독촉사건

신청취지

채무자는 채권자에게 **금 27,000,000원** 및 이에 대한 지급명령결정정본이 채무자에게 송달된 그 다음날부터 다 갚는 날까지 **연 15%**의 각 비율에 의한 금액 및 아래 독촉절차비용을 합한 금액을 지급하라는 지급명령을 구합니다.

<pre>
                    - 아   래 -
  금   42,200 원   독촉절차비용
</pre>

<pre>
                    - 내   역 -
  금   12,600 원   수입인지
  금   29,600 원   송달료
</pre>

신 청 이 유

1. 채권자는 ○○○○. ○○. ○○. 채무자의 요청에 의하여 채무자 명의의 농협은행 예금계좌로 **금 27,000,000원**을 여러 번에 걸쳐 송금하고 대여하였습니다.

2. 채무자는 위 대여금에 대한 지급기일이 훨씬 지나도록 계속해서 미루기만 할뿐 현재에 이르기까지 위 대여금을 지급하지 않고 있습니다.

3. 따라서 채권자는 채무자로부터 위 대여금 **27,000,000원** 및 이에 대한 이 사건 지급명령결정정본을 송달 받은 그 다음날부터 다 갚는 날까지 소송촉진등에관한특례법에서 정한 **연 15%**의 비율에 의한 지연손해금 및 독촉절차비용을 합한 금액의 지급을 받기 위하여 이 사건 신청에 이르렀습니다.

- 끝 -

접수방법

1. 관할법원

이 사건은 대여금 청구사건이므로 의무이행지인 채권자의 주소지인 경상북도 영주시도 관할법원이고, 채무자의 보통재판적 주소지 또는 경상북도 안동시도 관할법원이 되기 때문에 채권자는 권리하다고 생각되는 아래의 관할법원을 선택하여 지급명령신청을 하시면 됩니다.

대구지방법원 안동지원
경상북도 안동시 강남로 304(정하동 235-1)
전화번호 054) 850-5090

대구지방법원 안동지원 영주시법원
경상북도 영주시 영주로 105(가흥동 393-1)
전화번호 054) 634-3885

2. 수입인지 계산

이 사건은 청구금액이 금 27,000,000이므로 27,000,000×0.045+5,000÷10 = 12,650원이 됩니다. 여기서 끝부분 100원 미만은 버리면 실제 납부할 인지액은 금 12,600원입니다.

3. 송달료금 계산

송달료는 1회분이 3,700원입니다. 이 사건은 채권자1인 채무자1인이므로 각 4회분씩 총 8회분의 금 29,600원이 됩니다.

4. 준비서류

1) 지급명령신청서 **1통**, 2) 당사자표시 **3통**, 3) 수입인지 납부서 **1통**,
4) 송달료 납부서 **1통**, 5) 소 갑제1호증의 온라인 송금영수증

5. 제출하는 방법

채권자는 지급명령신청서에 소 갑제1호증의 송금영수증을 첨부하여 **1통**을
프린트하고 이어서 당사자표시 **3통**을 작성하시고

대구지방법원 안동지원에 접수하실 경우 법원 안에 가시면 수납은행 창구
에 보시면 인지(소송등 인지의 현금납부서) **3장**으로 구성된 것을 작성하고 송
달료(예납·추납)납부서 **3장**으로 구성된 것을 같이 작성해 수납은행 창구에 내
시면 수납창구에서 인지에 대해서는 소송등 인지의 현금영수필확인서와 같은
영수증을 돌려주고 송달료에 대해서는 법원제출용과 영수증을 주면 영수증은
잘 보관하시고 법원 민원실 지급명령신청 독촉계에 내시면 '차' 자로 된 사건
번호를 적어오면 그 다음날 오후부터 대법원 나의 사건 검색창에서 위 사건번
호로 사건진행상황을 모두 확인할 수 있습니다.

대구지방법원 안동지원 영주시법원에 접수하실 경우 영주시법원에는 시법
원의 규모로서 수납은행이 상주하지 않으므로 영주시법원 전화번호 054)
634-3885으로 전화하여 인지와 송달료는 어느 곳에서 납부하여야 하는지 확인
하고 이동하신 다음 위와 같은 방법으로 납부하시면 되는데 대부분 수납은행이
없는 경우 가까운 농협은행에서 수납은행의 업무를 보고 있습니다.

또한 직접 법원으로 가실 수 없는 경우에는 위와 같이 지급명령신청서 **1
통**, 당사자표시 **3통**을 작성하여 전국 어디서나 신한은행에 가시면 소송등 인지
의 현금납부서와 송달료금을 납부할 수가 있고 신한은행이 없는 지역은 농협은
행이 수납은행 업무를 보고 있는 곳이 있으므로 수납하여 가까운 우체국으로

가서 위 해당하는 법원의 독촉사건 담당자 앞으로 보내신 후 **3일** 후 접수한 법원으로 전화하여 사건번호를 물어보시면 사건번호를 불러줍니다.

【대여금청구7】 차용증과 변제기일 이자약정 후 빌려준 돈을 지급하지 않아 원리금을 모두 청구하는 사례

지급명령신청서

채 권 자 :　○　　　○　　　○

채 무 자 :　○　　　○　　　○

소송물 가액금	금	10,000,000원
첨부할 인지액	금	5,000원
첨부한 인지액	금	5,000원
납부한 송달료	금	29,600원
비　　　　고		

안산지원 광명시법원 귀중

지급명령신청서

1.채권자

성 명	○ ○ ○	주민등록번호	생략
주 소	경기도 광명시 철산로 ○○, ○○○-○○○호		
직 업	상업	사무실 주 소	생략
전 화	(휴대폰) 010 - 9981 - 0000		
대리인에 의한 신 청	□ 법정대리인 (성명 : , 연락처) □ 소송대리인 (성명 : 변호사, 연락처)		

2.채무자

성 명	○ ○ ○	주민등록번호	생략
주 소	경기도 시흥시 ○○로 ○○길 ○○, ○○○호		
직 업	개인사업	사무실 주 소	생략
전 화	(휴대폰) 010 - 1265 - 0000		
기타사항	이 사건 채무자입니다.		

3.대여금청구의 독촉사건

신 청 취 지

채무자는 채권자에게 금 10,000,000원 및 이에 대한 ○○○○. ○○. ○○. 부터 지급명령결정정본이 채무자에게 송달된 날까지는 **연 18%**의, 그 다음날 부터 다 갚는 날까지 **연 15%**의 각 비율에 의한 금액 및 아래 독촉절차비용 을 합한 금액을 지급하라는 지급명령을 구합니다.

- 아 래 -

금   34,600 원   독촉절차비용

- 내 역 -

금   5,000 원   수입인지
금   29,600 원   송달료

신 청 이 유

1. 채권자는 채무자의 부탁에 의하여 ○○○○. ○○. ○○. 금 10,000,000 원을 대여하고 변제기일은 ○○○○. ○○. ○○. 이자는 **월 1.5%**으로 정하고 이에 대한 증표로 차용증을 교부받았습니다.

2. 채무자는 위 대여금에 대한 변제기일이 훨씬 지나도록 계속해서 미루기만 할뿐 현재에 이르기까지 위 대여금을 지급하지 않고 있습니다.

3. 따라서 채권자는 채무자로부터 위 대여금 10,000,000원 및 이에 대한 ○○○○. ○○. ○○.부터 이 사건 지급명령결정정본을 송달 받는 날까지는 약정한 이자인 **연 18%**(계산의 편의상 **월 1.5%**를 연단위로 환산하였습니다), 그 다음날부터 다 갚는 날까지는 소송촉진등에관한특례법에서 정한 **연 15%**의 각 비율에 의한 이자, 지연손해금 및 독촉절차비용을 합한 금액의 지급을 받기 위하여 이 사건 지급명령신청에 이른 것입니다.

- 끝 -

소명자료 및 첨부서류

1. 소 갑제1호증   차용증서
1. 송달료납부서
1. 인지납부확인서

○○○○ 년 ○○ 월 ○○ 일

위 채권자 : ○ ○ ○   (인)

안산지원 광명시법원 귀중

당사자표시

1.채권자

성 명	○ ○ ○	주민등록번호	생략
주 소	경기도 광명시 철산로 ○○, ○○○-○○○호		
직 업	상업	사무실 주 소	생략
전 화	(휴대폰) 010 - 9981 - 0000		
대리인에 의한 신 청	☐ 법정대리인 (성명 : , 연락처) ☐ 소송대리인 (성명 : 변호사, 연락처)		

2.채무자

성 명	○ ○ ○	주민등록번호	생략
주 소	경기도 시흥시 ○○로 ○○길 ○○, ○○○호		
직 업	개인사업	사무실 주 소	생략
전 화	(휴대폰) 010 - 1265 - 0000		
기타사항	이 사건 채무자입니다.		

3.대여금청구의 독촉사건

신 청 취 지

채무자는 채권자에게 금 **10,000,000원** 및 이에 대한 ○○○○. ○○. ○○. 부터 지급명령결정정본이 채무자에게 송달된 날까지는 **연 18%**의, 그 다음날 부터 다 갚는 날까지 **연 15%**의 각 비율에 의한 금액 및 아래 독촉절차비용 을 합한 금액을 지급하라는 지급명령을 구합니다.

- 아 래 -

금   34,600 원   독촉절차비용

- 내 역 -

금   5,000 원   수입인지
금   29,600 원   송달료

신 청 이 유

1. 채권자는 채무자의 부탁에 의하여 ○○○○. ○○. ○○. 금 10,000,000 원을 대여하고 변제기일은 ○○○○. ○○. ○○. 이자는 월 1.5%으로 정하고 이에 대한 증표로 차용증을 교부받았습니다.

2. 채무자는 위 대여금에 대한 변제기일이 훨씬 지나도록 계속해서 미루기만 할뿐 현재에 이르기까지 위 대여금을 지급하지 않고 있습니다.

3. 따라서 채권자는 채무자로부터 위 대여금 10,000,000원 및 이에 대한 ○○○○. ○○. ○○.부터 이 사건 지급명령결정정본을 송달 받는 날까지는 약정한 이자인 연 18%(계산의 편의상 월 1.5%를 연단위로 환산하였습니다), 그 다음날부터 다 갚는 날까지는 소송촉진등에관한특례법에서 정한 연 15%의 각 비율에 의한 이자, 지연손해금 및 독촉절차비용을 합한 금액의 지급을 받기 위하여 이 사건 지급명령신청에 이른 것입니다.

- 끝 -

접수방법

1. 관할법원

이 사건은 대여금 청구사건이므로 의무이행지인 채권자의 주소지인 경기도 광명시도 관할법원이고, 채무자의 보통재판적 주소지인 시흥시의 관할법원은 수원지방법원 안산지원도 관할법원이 되기 때문에 채권자는 편리하다고 생각되는 아래의 관할법원을 선택하여 지급명령신청을 하시면 됩니다.

　　수원지방법원 안산지원
　　경기도 안산시 단원구 광덕서로 75(고잔동)
　　전화번호 031) 481-1114

　　수원지방법원 안산지원 광명시법원
　　경기도 광명시 철산로 3-16(철산동)
　　전화번호 02) 2681-6390-1

2. 수입인지 계산

이 사건은 청구금액이 금 10,000,000이므로 10,000,000×0.05÷10 = 5,000원입니다.

3. 송달료금 계산

송달료는 1회분이 3,700원입니다. 이 사건은 채권자1인 채무자1인이므로 각 4회분씩 총 8회분의 금 29,600원이 됩니다.

4. 준비서류

1) 지급명령신청서 **1통**, 2) 당사자표시 **3통**, 3) 수입인지 납부서 **1통**,
4) 송달료 납부서 **1통**, 5) 소 갑제1호증의 온라인 차용증서

5. 제출하는 방법

채권자는 지급명령신청서에 소 갑제1호증의 차용증을 첨부하여 **1통**을 프린트하고 이어서 당사자표시 **3통**을 작성하시고

수원지방법원 안산지원에 접수하실 경우 법원 안에 가시면 신한은행 창구에 보시면 인지(소송등 인지의 현금납부서) **3장**으로 구성된 것을 작성하고 송달료(예납·추납)납부서 **3장**으로 구성된 것을 같이 작성해 수납은행 창구에 내시면 수납창구에서 인지에 대해서는 소송등 인지의 현금영수필확인서와 같은 영수증을 돌려주고 송달료에 대해서는 법원제출용과 영수증을 주면 영수증은 잘 보관하시고 법원 안에 보시면 종합민원실 지급명령신청 독촉계에 내시면 '차'자로 된 사건번호를 적어오면 그 다음날 오후부터 대법원 나의 사건 검색창에서 위 사건번호로 사건진행상황을 모두 확인할 수 있습니다.

수원지방법원 안산지원 관명시법원에 접수하실 경우 광명시법원에는 시법원의 규모로서 수납은행이 상주하지 않으므로 광명시내 신한은행으로 찾아가시거나 광명시법원 전화번호 02) 2681-6390-1으로 전화하여 인지와 송달료는 어느 곳에서 납부하여야 하는지 확인하고 이동하신 다음 위와 같은 방법으로 납부하시면 되는데 대부분 수납은행이 없는 경우 가까운 농협은행에서 수납은행의 업무를 보고 있습니다.

또한 직접 법원으로 가실 수 없는 경우에는 위와 같이 지급명령신청서 1통, 당사자표시 **3통**을 작성하여 전국 어디서나 신한은행에 가시면 소송등 인지의 현금납부서와 송달료금을 납부할 수가 있고 신한은행이 없는 지역은 농

협은행이 수납은행 업무를 보고 있는 곳이 있으므로 수납하여 가까운 우체국으로 가서 위 해당하는 법원의 독촉사건 담당자 앞으로 보내신 후 **3일** 후 접수한 법원으로 전화하여 사건번호를 물어보시면 사건번호를 불러줍니다.

【대여금청구8】 현금보관증을 받고 이자와 변제기일을 정하고 돈을 대여했는데 원리금을 지급하지 않아 원리금을 청구하는 사례

지급명령신청서

채 권 자 : ○   ○   ○

채 무 자 : ○   ○   ○

소송물 가액금	금	12,000,000원
첨부할 인지액	금	5,900원
첨부한 인지액	금	5,900원
납부한 송달료	금	29,600원
비 고		

의정부지방법원 동두천시법원 귀중

지급명령신청서

1.채권자

성 명	○ ○ ○	주민등록번호	생략
주 소	경기도 동두천시 ○○로 ○○, ○○○-○○○호		
직 업	상업	사무실 주 소	생략
전 화	(휴대폰) 010 - 9981 - 0000		
대리인에 의한 신 청	☐ 법정대리인 (성명 : , 연락처) ☐ 소송대리인 (성명 : 변호사, 연락처)		

2.채무자

성 명	○ ○ ○	주민등록번호	생략
주 소	경기도 남양주시 ○○로 ○○길 ○○, ○○○호		
직 업	상업	사무실 주 소	생략
전 화	(휴대폰) 010 - 1265 - 0000		
기타사항	이 사건 채무자입니다.		

3.대여금청구의 독촉사건

신청취지

채무자는 채권자에게 금 **12,000,000원** 및 이에 대한 ○○○○. ○○. ○○. 부터 지급명령결정정본이 채무자에게 송달된 날까지는 **연 24%**의, 그 다음날 부터 다 갚는 날까지 **연 15%**의 각 비율에 의한 금액 및 아래 독촉절차비용 을 합한 금액을 지급하라는 지급명령을 구합니다.

- 아   래 -

금   35,500 원   독촉절차비용

- 내   역 -

금   5,900 원   수입인지
금   29,600 원   송달료

신 청 이 유

1. 채권자는 채무자의 요청에 의하여 ○○○○. ○○. ○○. 금 12,000,000 원을 대여하고 변제기일은 ○○○○. ○○. ○○. 이자는 월 2.0%으로 정하고 이에 대한 증표로 현금보관증을 교부받았습니다.

2. 채무자는 위 대여금에 대한 변제기일이 훨씬 지나도록 계속해서 미루기만 할뿐 현재에 이르기까지 위 대여금을 지급하지 않고 있습니다.

3. 따라서 채권자는 채무자로부터 위 대여금 12,000,000원 및 이에 대한 ○ ○○○. ○○. ○○.부터 이 사건 지급명령결정정본을 송달 받는 날까지 는 약정한 이자인 연 24%(계산의 편의상 월 2.0%를 연단위로 환산하였 습니다), 그 다음날부터 다 갚는 날까지는 소송촉진등에관한특례법에서 정한 연 15%의 각 비율에 의한 이자, 지연손해금 및 독촉절차비용을 합 한 금액의 지급을 받기 위하여 이 사건 지급명령신청에 이른 것입니다.

소 명 자 료 및 첨 부 서 류

1. 소 갑제1호증   현금보관증
1. 송달료납부서
1. 인지납부확인서

○○○○ 년 ○○ 월 ○○ 일

위 채권자 : ○ ○ ○ (인)

의정부지방법원 동두천시법원 귀중

당사자표시

1. 채권자

성 명	○ ○ ○	주민등록번호	생략
주 소	경기도 동두천시 ○○로 ○○, ○○○-○○○호		
직 업	상업	사무실 주 소	생략
전 화	(휴대폰) 010 - 9981 - 0000		
대리인에 의한 신 청	☐ 법정대리인 (성명 : , 연락처) ☐ 소송대리인 (성명 : 변호사, 연락처)		

2. 채무자

성 명	○ ○ ○	주민등록번호	생략
주 소	경기도 남양주시 ○○로 ○○길 ○○, ○○○호		
직 업	상업	사무실 주 소	생략
전 화	(휴대폰) 010 - 1265 - 0000		
기타사항	이 사건 채무자입니다.		

3. 대여금청구의 독촉사건

신청취지

채무자는 채권자에게 금 12,000,000원 및 이에 대한 ○○○○. ○○. ○○.
부터 지급명령결정정본이 채무자에게 송달된 날까지는 **연 24%**의, 그 다음날
부터 다 갚는 날까지 **연 15%**의 각 비율에 의한 금액 및 아래 독촉절차비용
을 합한 금액을 지급하라는 지급명령을 구합니다.

- 아 래 -

금   35,500 원   독촉절차비용

- 내 역 -

금   5,900 원   수입인지
금   29,600 원   송달료

신청이유

1. 채권자는 채무자의 요청에 의하여 ○○○○. ○○. ○○. 금 12,000,000 원을 대여하고 변제기일은 ○○○○. ○○. ○○. 이자는 월 2.0%으로 정하고 이에 대한 증표로 현금보관증을 교부받았습니다.

2. 채무자는 위 대여금에 대한 변제기일이 훨씬 지나도록 계속해서 미루기만 할뿐 현재에 이르기까지 위 대여금을 지급하지 않고 있습니다.

3. 따라서 채권자는 채무자로부터 위 대여금 12,000,000원 및 이에 대한 ○ ○○○. ○○. ○○.부터 이 사건 지급명령결정정본을 송달 받는 날까지 는 약정한 이자인 연 24%(계산의 편의상 월 2.0%를 연단위로 환산하였 습니다), 그 다음날부터 다 갚는 날까지는 소송촉진등에관한특례법에서 정한 연 15%의 각 비율에 의한 이자, 지연손해금 및 독촉절차비용을 합 한 금액의 지급을 받기 위하여 이 사건 지급명령신청에 이른 것입니다.

- 끝 -

접수방법

1. 관할법원

이 사건은 대여금 청구사건이므로 의무이행지인 채권자의 주소지인 경기도 동두천시도 관할법원이고, 채무자의 보통재판적 주소지인 남양주시도 관할법원이 되기 때문에 채권자는 편리하다고 생각되는 아래의 관할법원을 선택하여 지급명령신청을 하시면 됩니다.

의정부지방법원 남양주시법원
경기도 남양주시 경춘로 **34번길** 23(가능동)
전화번호 031) 553-6097-8

의정부지방법원 동두천시법원
경기도 동두천시 지행로 97(지행동 284-20)
전화번호 031) 862-2411, 864-0214

2. 수입인지 계산

이 사건은 청구금액이 금 12,000,000이므로 12,000,000×0.045+5,000÷10 = 5,900원입니다.

3. 송달료금 계산

송달료는 1회분이 3,700원입니다. 이 사건은 채권자1인 채무자1인이므로 각 4회분씩 총 8회분의 금 29,600원이 됩니다.

4. 준비서류

1) 지급명령신청서 **1통**, 2) 당사자표시 **3통**, 3) 수입인지 납부서 **1통**, 4) 송달료 납부서 **1통**, 5) 소 갑제1호증의 현금보관증

5. 제출하는 방법

채권자는 지급명령신청서에 소 갑제1호증의 현금보관증을 첨부하여 **1통**을 프린트하고 이어서 당사자표시 **3통**을 작성하시고

의정부지방법원 남양주시법원에 접수하실 경우 남양주시법원에서는 법원 안에 수납은행이 상주하지 않으므로 먼저 남양주시법원 전화번호 031) **553-6097-8**으로 전화하여 인지와 송달료의 수납은행을 알려달라고 하여 이동하시면 아마 법원과 가까운 수납은행을 안내하면 그 수납은행의 창구에 인지(소송등 인지의 현금납부서) **3장**으로 구성된 것을 작성하고 송달료(예납·추납)납부서 **3장**으로 구성된 것을 같이 작성해 내시면 수납창구에서 인지에 대해서는 소송등 인지의 현금영수필확인서와 같은 영수증을 돌려주고 송달료에 대해서는 법원제출용과 영수증을 주면 영수증은 잘 보관하시고 남양주시법원으로 가서 지급명령신청 독촉계에 내시면 '차'자로 된 사건번호를 적어오면 그 다음날 오후부터 대법원 나의 사건 검색창에서 위 사건번호로 사건진행상황을 모두 확인할 수 있습니다.

의정부지방법원 동두천시법원에 접수하실 경우 동두천시법원에서는 법원 안에 수납은행이 상주하지 않으므로 먼저 동두천시법원 전화번호 031) **862-2411, 864-0214**으로 전화하여 인지와 송달료의 수납은행을 알려달라고 하여 이동하시면 아마 법원과 가까운 수납은행을 안내하면 그 수납은행의 창구에 인지(소송등 인지의 현금납부서) **3장**으로 구성된 것을 작성하고 송달료(예납·추납)납부서 **3장**으로 구성된 것을 같이 작성해 내시면 수납창구에서 인지에 대해서는 소송등 인지의 현금영수필확인서와 같은 영수증을 돌려주고 송달료에 대해서는 법원제출용과 영수증을 주면 영수증은 잘 보관하시고 남

양주시법원으로 가서 지급명령신청 독촉계에 내시면 '차'자로 된 사건번호를 적어오면 그 다음날 오후부터 대법원 나의 사건 검색창에서 위 사건번호로 사건진행상황을 모두 확인할 수 있습니다.

또한 직접 법원으로 가실 수 없는 경우에는 위와 같이 지급명령신청서 1통, 당사자표시 3통을 작성하여 전국 어디서나 신한은행에 가시면 소송등 인지의 현금납부서와 송달료금을 납부할 수가 있고 신한은행이 없는 지역은 농협은행이 대부분 수납은행 업무를 보고 있는 곳이 있으므로 수납하고 가까운 우체국으로 가서 위 해당하는 법원의 독촉사건 담당자 앞으로 보내신 후 3일 후 접수한 법원으로 전화하여 사건번호를 물어보시면 사건번호를 알려줍니다.

지급명령신청서

채 권 자 : ○   ○   ○

채 무 자 : ○   ○   ○

소송물 가액금	금	32,000,000원	
첨부할 인지액	금	14,900원	
첨부한 인지액	금	14,900원	
납부한 송달료	금	29,600원	
비 고			

순천지원 고흥군법원 귀중

지급명령신청서

1.채권자

성 명	○ ○ ○	주민등록번호	생략
주 소	전라남도 고흥군 고흥읍 ○○로 ○○, ○○○호		
직 업	상업	사무실 주 소	생략
전 화	(휴대폰) 010 - 6799 - 0000		
대리인에 의한 신 청	□ 법정대리인 (성명 : , 연락처) □ 소송대리인 (성명 : 변호사, 연락처)		

2.채무자

성 명	○ ○ ○	주민등록번호	생략
주 소	전라남도 강진군 강진읍 ○○로 ○길 ○○, ○○호		
직 업	농업	사무실 주 소	생략
전 화	(휴대폰) 010 - 6456 - 0000		
기타사항	이 사건 채무자입니다.		

3.대여금청구의 독촉사건

신청취지

채무자는 채권자에게 금 **32,000,000원** 및 이에 대한 ○○○○. ○○. ○○. 부터 지급명령결정정본이 채무자에게 송달된 날까지는 **연 18%**의, 그 다음날 부터 다 갚는 날까지 **연 15%**의 각 비율에 의한 금액 및 아래 독촉절차비용 을 합한 금액을 지급하라는 지급명령을 구합니다.

- 아 래 -

금   44,500 원   독촉절차비용

- 내 역 -

금   14,900 원   수입인지
금   29,600 원   송달료

신청이유

1. 채권자는 채무자가 농사짓는 곳에 사용하겠다며 간곡하게 부탁하여 ○○ ○○. ○○. ○○. 금 32,000,000원을 대여하고 변제기일은 ○○○○. ○ ○. ○○. 이자는 월 1.5%으로 정하고 이에 대한 증표로 이행각서를 교부받았습니다.

2. 채무자는 위 대여금에 대한 변제기일이 훨씬 지나도록 계속해서 미루기만 할뿐 현재에 이르기까지 위 대여금을 지급하지 않고 있습니다.

3. 따라서 채권자는 채무자로부터 위 대여금 32,000,000원 및 이에 대한 ○ ○○○. ○○. ○○.부터 이 사건 지급명령결정정본을 송달 받는 날까지는 약정한 이자인 연 18%(계산의 편의상 월 1.5%를 연단위로 환산하였습니다), 그 다음날부터 다 갚는 날까지는 소송촉진등에관한특례법에서 정한 연 15%의 각 비율에 의한 이자, 지연손해금 및 독촉절차비용을 합한 금액의 지급을 받기 위하여 이 사건 지급명령신청에 이른 것입니다.

소명자료 및 첨부서류

1. 소 갑제1호증   이행각서
1. 송달료납부서
1. 인지납부확인서

○○○○ 년 ○○ 월 ○○ 일

위 채권자 : ○ ○ ○ (인)

순천지원 고흥군법원 귀중

당사자표시

1. 채권자

성 명	○ ○ ○	주민등록번호	생략
주 소	전라남도 고흥군 고흥읍 ○○로 ○○, ○○○호		
직 업	상업	사무실 주 소	생략
전 화	(휴대폰) 010 - 6799 - 0000		
대리인에 의한 신 청	□ 법정대리인 (성명 : , 연락처) □ 소송대리인 (성명 : 변호사, 연락처)		

2. 채무자

성 명	○ ○ ○	주민등록번호	생략
주 소	전라남도 강진군 강진읍 ○○로 ○길 ○○, ○○호		
직 업	농업	사무실 주 소	생략
전 화	(휴대폰) 010 - 6456 - 0000		
기타사항	이 사건 채무자입니다.		

3. 대여금청구의 독촉사건

신청취지

채무자는 채권자에게 금 32,000,000원 및 이에 대한 ○○○○. ○○. ○○. 부터 지급명령결정정본이 채무자에게 송달된 날까지는 연 18%의, 그 다음날 부터 다 갚는 날까지 연 15%의 각 비율에 의한 금액 및 아래 독촉절차비용 을 합한 금액을 지급하라는 지급명령을 구합니다.

– 아 래 –

금   44,500 원   독촉절차비용

– 내 역 –

금   14,900 원   수입인지
금   29,600 원   송달료

신청이유

1. 채권자는 채무자가 농사짓는 곳에 사용하겠다며 간곡하게 부탁하여 ○○○○. ○○. ○○. 금 32,000,000원을 대여하고 변제기일은 ○○○○. ○○. ○○. 이자는 **월 1.5%**으로 정하고 이에 대한 증표로 이행각서를 교부받았습니다.

2. 채무자는 위 대여금에 대한 변제기일이 훨씬 지나도록 계속해서 미루기만 할뿐 현재에 이르기까지 위 대여금을 지급하지 않고 있습니다.

3. 따라서 채권자는 채무자로부터 위 대여금 **32,000,000원** 및 이에 대한 ○○○○. ○○. ○○.부터 이 사건 지급명령결정정본을 송달 받는 날까지는 약정한 이자인 **연 18%**(계산의 편의상 **월 1.5%**를 연단위로 환산하였습니다), 그 다음날부터 다 갚는 날까지는 소송촉진등에관한특례법에서 정한 **연 15%**의 각 비율에 의한 이자, 지연손해금 및 독촉절차비용을 합한 금액의 지급을 받기 위하여 이 사건 지급명령신청에 이른 것입니다.

– 끝 –

접수방법

1. 관할법원

　　이 사건은 대여금 청구사건이므로 의무이행지인 채권자의 주소지인 전라남도 고흥군도 관할법원이고, 채무자의 보통재판적 주소지인 강진군도 관할법원이 되기 때문에 채권자는 편리하다고 생각되는 아래의 관할법원을 선택하여 지급명령신청을 하시면 됩니다.

　　　　광주지방법원 장흥지원 강진군법원
　　　　전라남도 강진군 강진읍 중앙로 212(동성리 19-4)
　　　　전화번호 061) 433-6199

　　　　광주지방법원 순천지원 고흥군법원
　　　　전라남도 고흥군 고흥읍 터미널길 7
　　　　전화번호 061) 833-0180

2. 수입인지 계산

　　이 사건은 청구금액이 금 32,000,000이므로 32,000,000×0.045+5,000÷10 = 14,900원입니다.

3. 송달료금 계산

　　송달료는 1회분이 3,700원입니다. 이 사건은 채권자1인 채무자1인이므로 각 4회분씩 총 8회분의 금 29,600원이 됩니다.

4. 준비서류

1) 지급명령신청서 1통, 2) 당사자표시 3통, 3) 수입인지 납부서 1통,
4) 송달료 납부서 1통, 5) 소 갑제1호증의 이행각서

5. 제출하는 방법

채권자는 지급명령신청서에 소 갑제1호증의 이행각서를 첨부하여 **1통**을
프린트하고 이어서 당사자표시 3통을 작성하시고

광주지방법원 장흥지원 강진군법원에 접수하실 경우 강진군법원에서는 법
원 안에 수납은행이 상주하지 않으므로 먼저 강진군법원 전화번호 **061) 43
3-6199**으로 전화하여 인지와 송달료의 수납은행을 알려달라고 하여 이동하시
면 아마 법원과 가까운 수납은행을 안내하면 그 수납은행의 창구에 인지(소
송등 인지의 현금납부서) **3장**으로 구성된 것을 작성하고 송달료(예납·추납)
납부서 **3장**으로 구성된 것을 같이 작성해 내시면 수납창구에서 인지에 대해
서는 소송등 인지의 현금영수필확인서와 같은 영수증을 돌려주고 송달료에
대해서는 법원제출용과 영수증을 주면 영수증은 잘 보관하시고 강진군법원으
로 가서 지급명령신청 독촉계에 내시면 '차' 자로 된 사건번호를 적어오면
그 다음날 오후부터 대법원 나의 사건 검색창에서 위 사건번호로 사건진행상
황을 모두 확인할 수 있습니다.

광주지방법원 순천지원 고흥군법원에 접수하실 경우 고흥군법원에서는 법
원 안에 수납은행이 상주하지 않으므로 먼저 고흥군법원 전화번호 **061) 83
3-0180**으로 전화하여 인지와 송달료의 수납은행을 알려달라고 하여 이동하시
면 아마 법원과 가까운 수납은행을 안내하면 그 수납은행의 창구에 인지(소
송등 인지의 현금납부서) **3장**으로 구성된 것을 작성하고 송달료(예납·추납)
납부서 3장으로 구성된 것을 같이 작성해 내시면 수납창구에서 인지에 대해
서는 소송등 인지의 현금영수필확인서와 같은 영수증을 돌려주고 송달료에

대해서는 법원제출용과 영수증을 주면 영수증은 잘 보관하시고 고흥군법원으로 가서 지급명령신청 독촉계에 내시면 '차' 자로 된 사건번호를 적어오면 그 다음날 오후부터 대법원 나의 사건 검색창에서 위 사건번호로 사건진행상황을 모두 확인할 수 있습니다.

또한 직접 법원으로 가실 수 없는 경우에는 위와 같이 지급명령신청서 1통, 당사자표시 3통을 작성하여 전국 어디서나 신한은행에 가시면 소송등 인지의 현금납부서와 송달료금을 납부할 수가 있고 신한은행이 없는 지역은 농협은행이 대부분 수납은행 업무를 보고 있는 곳이 있으므로 수납하고 가까운 우체국으로 가서 위 해당하는 법원의 독촉사건 담당자 앞으로 보내신 후 3일후 접수한 법원으로 전화하여 사건번호를 물어보시면 사건번호를 알려줍니다.

지급명령신청서

채 권 자 : ○ ○ ○

채 무 자 : ○ ○ ○

소송물 가액금	금	1,500,000원
첨부할 인지액	금	700원
첨부한 인지액	금	700원
납부한 송달료	금	29,600원
비 고		

해남지원 완도군법원 귀중

지급명령신청서

1.채권자

성 명	○ ○ ○	주민등록번호	생략
주 소	전라남도 완도군 완도읍 ○○로 ○○, ○○호		
직 업	어업	사무실 주 소	생략
전 화	(휴대폰) 010 - 8899 - 0000		
대리인에 의한 신 청	☐ 법정대리인 (성명 : , 연락처) ☐ 소송대리인 (성명 : 변호사, 연락처)		

2.채무자

성 명	○ ○ ○	주민등록번호	생략
주 소	전라남도 진도군 진도읍 ○○로 ○길 ○○, ○○○호		
직 업	어업	사무실 주 소	생략
전 화	(휴대폰) 010 - 2998 - 0000		
기타사항	이 사건 채무자입니다.		

3.대여금청구의 독촉사건

신 청 취 지

채무자는 채권자에게 **금 1,500,000원** 및 이에 대한 이 사건 지급명령결정정본을 송달된 그 다음날부터 다 갚는 날까지는 **연 15%**의 각 비율에 의한 금액 및 아래 독촉절차비용을 합한 금액을 지급하라는 지급명령을 구합니다.

- 아   래 -

금   30,300 원   독촉절차비용

- 내   역 -

금   700 원   수입인지
금   29,600 원   송달료

신 청 이 유

1. 채권자는 채무자에게 ○○○○. ○○. ○○. 금 1,500,000원을 차용증도 받지 않고 2개월 후에 갚기로 하고 대여한 사실이 있습니다.

2. 그런데 채무자는 상환기일에 훨씬 지나도록 위 돈을 변제하지 않아 수차 례에 걸쳐 전화로 독촉하였으나 현재에 이르기까지 지급하지 않고 있다가 최근 들어서는 아예 전화까지 두절된 상태입니다.

3. 따라서 채권자는 채무자로부터 위 대여금 1,500,000원 및 이 사건 지급명 령결정정본이 송달된 그 다음날부터 다 갚는 날까지 소송촉진등에관한특 례법에서 정한 연 15%의 각 비율에 의한 이자, 지연손해금 및 독촉절차 비용을 합한 금액의 지급을 받기 위하여 이 사건 지급명령신청에 이른 것 입니다.

소 명 자 료 및 첨 부 서 류

1. 소 갑제1호증   계좌이체 영수증
1. 송달료납부서
1. 인지납부확인서

○○○○ 년 ○○ 월 ○○ 일

위 채권자 :　○　○　○　　(인)

해남지원 완도군법원 귀중

당사자표시

1.채권자

성 명	○ ○ ○	주민등록번호	생략
주 소	전라남도 완도군 완도읍 ○○로 ○○ , ○○호		
직 업	어업	사무실 주 소	생략
전 화	(휴대폰) 010 - 8899 - 0000		
대리인에 의한 신 청	☐ 법정대리인 (성명 : , 연락처) ☐ 소송대리인 (성명 : 변호사, 연락처)		

2.채무자

성 명	○ ○ ○	주민등록번호	생략
주 소	전라남도 진도군 진도읍 ○○로 ○길 ○○ , ○○○호		
직 업	어업	사무실 주 소	생략
전 화	(휴대폰) 010 - 2998 - 0000		
기타사항	이 사건 채무자입니다.		

3.대여금청구의 독촉사건

신 청 취 지

채무자는 채권자에게 금 1,500,000원 및 이에 대한 이 사건 지급명령결정정본을 송달된 그 다음날부터 다 갚는 날까지는 연 15%의 각 비율에 의한 금액 및 아래 독촉절차비용을 합한 금액을 지급하라는 지급명령을 구합니다.

- 아　래 -

　금　　　30,300 원　　　　독촉절차비용

- 내　　역 -

　금　　　　700 원　　　　수입인지
　금　　　29,600 원　　　　송달료

신청이유

1. 채권자는 채무자에게 ○○○○. ○○. ○○. 금 1,500,000원을 차용증도 받지 않고 2개월 후에 갚기로 하고 대여한 사실이 있습니다.

2. 그런데 채무자는 상환기일에 훨씬 지나도록 위 돈을 변제하지 않아 수차 례에 걸쳐 전화로 독촉하였으나 현재에 이르기까지 지급하지 않고 있다가 최근 들어서는 아예 전화까지 두절된 상태입니다.

3. 따라서 채권자는 채무자로부터 위 대여금 1,500,000원 및 이 사건 지급 명령결정정본이 송달된 그 다음날부터 다 갚는 날까지 소송촉진등에관한 특례법에서 정한 연 15%의 각 비율에 의한 이자, 지연손해금 및 독촉절 차비용을 합한 금액의 지급을 받기 위하여 이 사건 지급명령신청에 이른 것입니다.

- 끝 -

접수방법

1. 관할법원

지급명령신청은 금액 많거나 적거나 절차는 모두 동일합니다. 이 사건은 대여금 청구사건이므로 의무이행지인 채권자의 주소지인 전라남도 완도군도 관할법원이고, 채무자의 보통재판적 주소지인 진도군도 관할법원이 되기 때문에 채권자는 편리하다고 생각되는 아래의 관할법원을 선택하여 지급명령신청을 하시면 됩니다.

　　　광주지방법원 해남지원 진도군법원
　　　전라남도 진도군 진도읍 쌍절1길 16(쌍정리 143-3)
　　　전화번호 061) 544-4890

　　　광주지방법원 해남지원 완도군법원
　　　전라남도 완도군 완도읍 중앙길 57(군내리 341번지)
　　　전화번호 061) 554-9809

2. 수입인지 계산

이 사건은 청구금액이 금 1,500,000이므로 1,500,000×0.005÷10 = 750원입니다. 여기서 끝부분 100원 미만을 버리면 실제 붙여야 할 인지액은 700원입니다.

3. 송달료금 계산

송달료는 1회분이 3,700원입니다. 이 사건은 채권자1인 채무자1인이므로 각 4회분씩 총 8회분의 금 29,600원이 됩니다.

4. 준비서류

1) 지급명령신청서 1통, 2) 당사자표시 3통, 3) 수입인지 납부서 1통,
4) 송달료 납부서 1통, 5) 소 갑제1호증의 계좌이체 영수증

5. 제출하는 방법

채권자는 지급명령신청서에 소 갑제1호증의 계좌이체 영수증을 첨부하여 1통을 프린트하고 이어서 당사자표시 3통을 작성하시고

광주지방법원 해남지원 진도군법원에 접수하실 경우 진도군법원에서는 법원 안에 수납은행이 상주하지 않으므로 먼저 진도군법원 전화번호 061) 544-4890으로 전화하여 인지와 송달료의 수납은행을 알려달라고 하여 이동하시면 아마 법원과 가까운 수납은행을 안내하면 그 수납은행의 창구에 인지(소송등 인지의 현금납부서) 3장으로 구성된 것을 작성하고 송달료(예납·추납)납부서 3장으로 구성된 것을 같이 작성해 내시면 수납창구에서 인지에 대해서는 소송 등 인지의 현금영수필확인서와 같은 영수증을 돌려주고 송달료에 대해서는 법원제출용과 영수증을 주면 영수증은 잘 보관하시고 진도군법원으로 가서 지급명령신청 독촉계에 내시면 '차' 자로 된 사건번호를 적어오면 그 다음날 오후부터 대법원 나의 사건 검색창에서 위 사건번호로 사건진행상황을 모두 확인할 수 있습니다.

광주지방법원 해남지원 완도군법원에 접수하실 경우 완도군법원에서는 법원 안에 수납은행이 상주하지 않으므로 먼저 완도군법원 전화번호 061) 554-9809으로 전화하여 인지와 송달료의 수납은행을 알려달라고 하여 이동하시면 아마 법원과 가까운 수납은행을 안내하면 그 수납은행의 창구에 인지(소송등 인지의 현금납부서) 3장으로 구성된 것을 작성하고 송달료(예납·추납)납부서 3장으로 구성된 것을 같이 작성해 내시면 수납창구에서 인지에 대해서는 소송 등 인지의 현금영수필확인서와 같은 영수증을 돌려주고 송달료에 대해서는 법

원제출용과 영수증을 주면 영수증은 잘 보관하시고 완도군법원으로 가서 지급명령신청 독촉계에 내시면 '차' 자로 된 사건번호를 적어오면 그 다음날 오후부터 대법원 나의 사건 검색창에서 위 사건번호로 사건진행상황을 모두 확인할 수 있습니다.

또한 직접 법원으로 가실 수 없는 경우에는 위와 같이 지급명령신청서 1통, 당사자표시 3통을 작성하여 농협은행이 대부분 수납은행 업무를 보고 있는 곳이 있으므로 수납하고 가까운 우체국으로 가서 위 해당하는 법원의 독촉사건 담당자 앞으로 보내신 후 3일 후 접수한 법원으로 전화하여 사건번호를 물어보시면 사건번호를 알려줍니다.

지급명령신청서

채 권 자 : ○○라멘즈 주식회사

채 무 자 : 주식회사 ○○리조트

소송물 가액금	금	440,000,000원
첨부할 인지액	금	181,500원
첨부한 인지액	금	181,500원
납부한 송달료	금	29,600원
비 고		

창원지방법원 거창지원 귀중

지급명령신청서

1.채권자

성 명	○○라멘즈 주식회사(법인등록번호)
주 소	경상남도 거창군 ○○면 ○○로길 ○○, ○○○호
대 표 자	대표이사 ○ ○ ○
전 화	(휴대폰) 010 - 7432 - 0000
대리인에 의한 신 청	□ 법정대리인 (성명 : , 연락처) □ 소송대리인 (성명 : 변호사, 연락처)

2.채무자

성 명	주식회사 ○○리조트(법인등록번호)
주 소	경상남도 함양군 함양읍 ○○로 ○○, ○○호
대 표 자	대표이사 프랑스인 ○○○○○
전 화	(사무실) 055) 963 - 0000
기타사항	이 사건 채무자입니다.

3.대여금청구의 독촉사건

신청취지

채무자는 채권자에게 금 440,000,000원 및 이에 대한 ○○○○. ○○. ○○. 부터 이 사건 지급명령결정정본을 송달 받는 날까지는 **연 30%**, 그 다음날부터 다 갚는 날까지는 **연 15%**의 각 비율에 의한 금액 및 아래 독촉절차비용을 합한 금액을 지급하라는 지급명령을 구합니다.

- 아 래 -

금   211,100 원   독촉절차비용

- 내 역 -

금   181,500 원   수입인지
금   29,600 원   송달료

신 청 이 유

1. 채권자는 채무자의 간곡한 부탁에 의하여 ○○○○. ○○. ○○. 금 440,000,000원을 대여해주면서 변제기한은 ○○○○. ○○. ○○.까지 이자는 **월 2.5%**를 지급 받기로 한 사실이 있습니다.

2. 그런데 채무자는 상환기일이 훨씬 지나도록 단 한 차례도 원리금을 지급하지 않고 있고 채권자는 채무자에게 수차례에 찾아가 변제를 독촉하였으나 지금까지 차일피일 지체하면서 지급하지 않고 있습니다.

3. 따라서 채권자는 채무자로부터 위 대여금 440,000,000원 및 이에 대한 ○○○○. ○○. ○○.부터 이 사건 지급명령결정정본을 송달 받는 날까지는 약정한 이자인 **연 30%**(계산의 편의상 **월 2.5%**를 연단위로 환산하였습니다), 그 다음날부터 다 갚는 날까지는 소송촉진등에관한특례법에서 정한 **연 15%**의 각 비율에 의한 이자, 지연손해금 및 독촉절차비용을 합한 금액의 지급을 받기 위하여 이 사건 지급명령신청에 이른 것입니다.

소명자료 및 첨부서류

1. 소 갑제1호증   금전대차계약서
1. 소 갑제2호증   계좌송금영수증
1. 송달료납부서

1. 인지납부확인서

○○○○ 년 ○○ 월 ○○ 일

위 채권자 : ○ ○ ○   (인)

창원지방법원 거창지원 귀중

지급명령신청서

1.채권자

성 명	○○라멘즈 주식회사(법인등록번호)
주 소	경상남도 거창군 ○○면 ○○로길 ○○, ○○○호
대 표 자	대표이사 ○ ○ ○
전 화	(휴대폰) 010 - 7432 - 0000
대리인에 의한 신 청	□ 법정대리인 (성명 : , 연락처) □ 소송대리인 (성명 : 변호사, 연락처)

2.채무자

성 명	주식회사 ○○리조트(법인등록번호)
주 소	경상남도 함양군 함양읍 ○○로 ○○, ○○호
대 표 자	대표이사 프랑스인 ○○○○○
전 화	(사무실) 055) 963 - 0000
기타사항	이 사건 채무자입니다.

3.대여금청구의 독촉사건

신청취지

채무자는 채권자에게 금 440,000,000원 및 이에 대한 ○○○○. ○○. ○○. 부터 이 사건 지급명령결정정본을 송달 받는 날까지는 **연 30%**, 그 다음날부터 다 갚는 날까지는 **연 15%**의 각 비율에 의한 금액 및 아래 독촉절차비용을 합한 금액을 지급하라는 지급명령을 구합니다.

- 아 래 -

금   211,100 원   독촉절차비용

- 내 역 -

금   181,500 원   수입인지
금   29,600 원   송달료

신 청 이 유

1. 채권자는 채무자의 간곡한 부탁에 의하여 ○○○○. ○○. ○○. 금 440,00
0,000원을 대여해주면서 변제기한은 ○○○○. ○○. ○○.까지 이자는 **월
2.5%**를 지급 받기로 한 사실이 있습니다.

2. 그런데 채무자는 상환기일이 훨씬 지나도록 단 한 차례도 원리금을 지급
하지 않고 있고 채권자는 채무자에게 수차례에 찾아가 변제를 독촉하였으
나 지금까지 차일피일 지체하면서 지급하지 않고 있습니다.

3. 따라서 채권자는 채무자로부터 위 대여금 440,000,000원 및 이에 대한 ○
○○○. ○○. ○○.부터 이 사건 지급명령결정정본을 송달 받는 날까지
는 약정한 이자인 **연 30%**(계산의 편의상 **월 2.5%**를 연단위로 환산하였
습니다), 그 다음날부터 다 갚는 날까지는 소송촉진등에관한특례법에서
정한 **연 15%**의 각 비율에 의한 이자, 지연손해금 및 독촉절차비용을 합
한 금액의 지급을 받기 위하여 이 사건 지급명령신청에 이른 것입니다.

- 끝 -

접수방법

1. 관할법원

이 사건은 대여금 청구사건이므로 의무이행지인 채권자의 주소지인 거창군도 관할법원이고, 채무자의 보통재판적 주소지인 항양군도 관할법원이 되기 때문에 채권자는 편리하다고 생각되는 아래의 관할법원을 선택하여 지급명령신청을 하시면 됩니다.

창원지방법원 거창지원 함양군법원
경상남도 함양군 함양읍 운림로 39-3
전화번호 055) 963-8682

창원지방법원 거창지원
경상남도 거창군 거창읍 죽전1길 31
전화번호 055) 940-7170

2. 수입인지 계산

이 사건은 청구금액이 금 440,000,000이므로 440,000,000×0.040+55,000÷10 = 181,500원입니다.

3. 송달료금 계산

송달료는 1회분이 3,700원입니다. 이 사건은 채권자1인 채무자1인이므로 각 4회분씩 총 8회분의 금 29,600원이 됩니다.

4. 준비서류

1) 지급명령신청서 **1통**, 2) 당사자표시 **3통**, 3) 수입인지 납부서 **1통**, 4) 송달료 납부서 **1통**, 5) 소 갑제1호증의 금전대차계약서, 소 갑제2호증 계좌송금영수증, 채권자의 법인등기부등본 **1통**, 채무자의 법인등기부등본 **1통**을 첨부

5. 제출하는 방법

채권자는 지급명령신청서에 소 갑제1호증의 금전대차계약서, 소 갑제2호증 계좌송금영수증과 채권자 및 채무자의 법인등기부등본을 첨부하여 **1통**을 프린트하고 이어서 당사자표시 **3통**을 작성하시고

창원지방법원 거창지원 함양군법원에 접수하실 경우 함양군법원에서는 법원 안에 수납은행이 상주하지 않으므로 먼저 함양군법원 전화번호 **055) 963-3-8682**로 전화하여 인지와 송달료의 수납은행을 알려달라고 하여 이동하시면 아마 법원과 가까운 수납은행을 안내하면 그 수납은행의 창구에 인지(소송등 인지의 현금납부서) **3장**으로 구성된 것을 작성하고 송달료(예납·추납)납부서 **3장**으로 구성된 것을 같이 작성해 내시면 수납창구에서 인지에 대해서는 소송등 인지의 현금영수필확인서와 같은 영수증을 돌려주고 송달료에 대해서는 법원제출용과 영수증을 주면 영수증은 잘 보관하시고 강진군법원으로 가서 지급명령신청 독촉계에 내시면 '차'자로 된 사건번호를 적어오면 그 다음날 오후부터 대법원 나의 사건 검색창에서 위 사건번호로 사건진행상황을 모두 확인할 수 있습니다.

창원지방법원 거창지원에 접수할 경우 법원 안에 수납은행으로 농협이 상주하고 있으므로 그 수납은행의 창구에 인지(소송등 인지의 현금납부서) **3장**으로 구성된 것을 작성하고 송달료(예납·추납)납부서 **3장**으로 구성된 것을 같이 작성해 내시면 수납창구에서 인지에 대해서는 소송등 인지의 현금영수

필확인서와 같은 영수증을 돌려주고 송달료에 대해서는 법원제출용과 영수증을 주면 영수증은 잘 보관하시고 종합민원실에 가시면 지급명령신청 독촉계에 내면 '차' 자로 된 사건번호를 적어오면 그 다음날 오후부터 대법원 나의 사건 검색창에서 위 사건번호로 사건진행상황을 모두 확인할 수 있습니다.

또한 직접 법원으로 가실 수 없는 경우에는 위와 같이 지급명령신청서 1통, 당사자표시 3통을 작성하여 전국 어디서나 신한은행에 가시면 소송등 인지의 현금납부서와 송달료금을 납부할 수가 있고 신한은행이 없는 지역은 농협은행이 대부분 수납은행 업무를 보고 있는 곳이 있으므로 수납하고 가까운 우체국으로 가서 위 해당하는 법원의 독촉사건 담당자 앞으로 보내신 후 3일 후 접수한 법원으로 전화하여 사건번호를 물어보시면 사건번호를 알려줍니다.

지급명령신청서

채 권 자 : ○○영농법인 주식회사

채 무 자 : ○   ○   ○

소송물 가액금	금	21,000,000원
첨부할 인지액	금	9,900원
첨부한 인지액	금	9,900원
납부한 송달료	금	29,600원
비 고		

충주지원 음성군원 귀중

지급명령신청서

1.채권자

성 명	○○영농법인 주식회사(법인등록번호)
주 소	충청북도 음성군 ○○면 ○○로길 ○○, ○○○호
대 표 자	대표이사 ○ ○ ○
전 화	(휴대폰) 010 - 2988 - 0000
대리인에 의한 신 청	□ 법정대리인 (성명 : , 연락처) □ 소송대리인 (성명 : 변호사, 연락처)

2.채무자

성 명	○ ○ ○	주민등록번호	생략
주 소	충청북도 괴산군 괴산읍 읍내로 ○○, ○○○호		
직 업	농업	사무실 주 소	생략
전 화	(휴대폰) 010 - 4333 - 0000		
기타사항	이 사건 채무자입니다.		

3.대여금청구의 독촉사건

신 청 취 지

채무자는 채권자에게 금 21,000,000원 및 이에 대한 ○○○○. ○○. ○○. 부터 이 사건 지급명령결정정본을 송달 받는 날까지는 **연 18%**, 그 다음날부터 다 갚는 날까지는 **연 15%**의 각 비율에 의한 금액 및 아래 독촉절차비용을 합한 금액을 지급하라는 지급명령을 구합니다.

- 아   래 -

금   39,500 원   독촉절차비용

- 내   역 -

금   9,900 원   수입인지
금   29,600 원   송달료

신청이유

1. 채권자는 주소지에서 청과물을 취급하는 영농법인으로서 채무자의 간곡한 부탁에 의하여 ○○○○. ○○. ○○. 금 21,000,000원을 대여해주면서 변제기한은 ○○○○. ○○. ○○.까지 이자는 **월 1.5%**를 지급 받기로 한 사실이 있습니다.

2. 그런데 채무자는 상환기일이 훨씬 지나도록 단 한 차례도 원리금을 지급 하지 않고 있고 채권자는 채무자에게 수차례에 걸쳐 전화 등으로 변제를 독촉하였으나 지금까지 차일피일 지체하면서 지급하지 않고 있습니다.

3. 따라서 채권자는 채무자로부터 위 대여금 **21,000,000원** 및 이에 대한 ○ ○○○. ○○. ○○.부터 이 사건 지급명령결정정본을 송달 받는 날까지 는 약정한 이자인 **연 18%**(계산의 편의상 **월 1.5%**를 연단위로 환산하였 습니다), 그 다음날부터 다 갚는 날까지는 소송촉진등에관한특례법에서 정한 **연 15%**의 각 비율에 의한 이자, 지연손해금 및 독촉절차비용을 합 한 금액의 지급을 받기 위하여 이 사건 지급명령신청에 이른 것입니다.

소명자료 및 첨부서류

1. 소 갑제1호증   금전대차계약서
1. 송달료납부서

1. 인지납부확인서

〇〇〇〇 년 〇〇 월 〇〇 일

위 채권자 : 〇 〇 〇   (인)

충주지원 음성군원 귀중

당사자표시

1.채권자

성 명	○○영농법인 주식회사(법인등록번호)
주 소	충청북도 음성군 ○○면 ○○로길 ○○, ○○○호
대 표 자	대표이사 ○ ○ ○
전 화	(휴대폰) 010 - 2988 - 0000
대리인에 의한 신 청	□ 법정대리인 (성명 : , 연락처) □ 소송대리인 (성명 : 변호사, 연락처)

2.채무자

성 명	○ ○ ○	주민등록번호	생략
주 소	충청북도 괴산군 괴산읍 읍내로 ○○, ○○○호		
직 업	농업	사무실 주 소	생략
전 화	(휴대폰) 010 - 4333 - 0000		
기타사항	이 사건 채무자입니다.		

3.대여금청구의 독촉사건

신청취지

채무자는 채권자에게 금 21,000,000원 및 이에 대한 ○○○○. ○○. ○○. 부터 이 사건 지급명령결정정본을 송달 받는 날까지는 **연 18%**, 그 다음날부터 다 갚는 날까지는 **연 15%**의 각 비율에 의한 금액 및 아래 독촉절차비용을 합한 금액을 지급하라는 지급명령을 구합니다.

- 아 래 -

금   39,500 원   독촉절차비용

- 내 역 -

금   9,900 원   수입인지
금   29,600 원   송달료

신청이유

1. 채권자는 주소지에서 청과물을 취급하는 영농법인으로서 채무자의 간곡한 부탁에 의하여 ○○○○. ○○. ○○. 금 21,000,000원을 대여해주면서 변제기한은 ○○○○. ○○. ○○.까지 이자는 **월 1.5%**를 지급 받기로 한 사실이 있습니다.

2. 그런데 채무자는 상환기일이 훨씬 지나도록 단 한 차례도 원리금을 지급하지 않고 있고 채권자는 채무자에게 수차례에 걸쳐 전화 등으로 변제를 독촉하였으나 지금까지 차일피일 지체하면서 지급하지 않고 있습니다.

3. 따라서 채권자는 채무자로부터 위 대여금 21,000,000원 및 이에 대한 ○○○○. ○○. ○○.부터 이 사건 지급명령결정정본을 송달 받는 날까지는 약정한 이자인 **연 18%**(계산의 편의상 **월 1.5%**를 연단위로 환산하였습니다), 그 다음날부터 다 갚는 날까지는 소송촉진등에관한특례법에서 정한 **연 15%**의 각 비율에 의한 이자, 지연손해금 및 독촉절차비용을 합한 금액의 지급을 받기 위하여 이 사건 지급명령신청에 이른 것입니다.

- 끝 -

접수방법

1. 관할법원

위 사례에 대한 관할법원은 이 사건은 대여금 청구사건이므로 의무이행지인 채권자의 주소지인 충청북도 음성군도 관할법원이고, 채무자의 보통재판적 주소지인 충청북도 괴산군도 관할법원이 되기 때문에 채권자는 편리하다고 생각되는 아래의 관할법원을 선택하여 지급명령신청을 하시면 됩니다.

청주지방법원 충주지원 괴산군법원
충청북도 괴산군 괴산읍 읍내로 5길 20(동부리 673-3)
전화번호 043) 834-9922

청주지방법원 충주지원 음성군법원
충청북도 음성군 음성읍 용광로 55(읍내리 725-2)
전화번호 043) 841-0881

2. 수입인지 계산

이 사건은 청구금액이 금 21,000,000이므로 21,000,000×0.0045+5,000÷10 = 9,950원입니다. 여기서 끝부분 100원 미만을 버리면 실제 붙여야 할 인지액은 9,900원입니다.

3. 송달료금 계산

송달료는 1회분이 3,700원입니다. 이 사건은 채권자1인 채무자1인이므로 각 4회분씩 총 8회분의 금 29,600원이 됩니다.

4. 준비서류

  1) 지급명령신청서 **1통**, 2) 당사자표시 **3통**, 3) 수입인지 납부서 **1통**,
  4) 송달료 납부서 **1통**, 5) 소 갑제1호증의 금전대차계약서,
  6) 채권자가 법인이므로 법인등기부등본 **1통** 첨부

5. 제출하는 방법

  채권자는 지급명령신청서에 소 갑제1호증 금전대차계약서 **1통**과 채권자의 법인등기부등본 **1통**을 첨부하여 **1통**을 프린트하고 이어서 당사자표시 **3통**을 작성하시고

  청주지방법원 충주지원 괴산군법원에 접수하실 경우 괴산군법원에서는 법원 안에 수납은행이 상주하지 않으므로 먼저 괴산군법원 전화번호 **043) 834-9922**으로 전화하여 인지와 송달료의 수납은행을 알려달라고 하여 이동하시면 아마 법원과 가까운 수납은행을 안내하면 그 수납은행의 창구에 인지(소송등 인지의 현금납부서) **3장**으로 구성된 것을 작성하고 송달료(예납 · 추납) 납부서 3장으로 구성된 것을 같이 작성해 내시면 수납창구에서 인지에 대해서는 소송등 인지의 현금영수필확인서와 같은 영수증을 돌려주고 송달료에 대해서는 법원제출용과 영수증을 주면 영수증은 잘 보관하시고 괴산군법원으로 가서 지급명령신청 독촉계에 내시면 '차' 자로 된 사건번호를 적어오면 그 다음날 오후부터 대법원 나의 사건 검색창에서 위 사건번호로 사건진행상황을 모두 확인할 수 있습니다.

  청주지방법원 충주지원 음성군법원에 접수하실 경우 음성군법원에서는 법원 안에 수납은행이 상주하지 않으므로 먼저 음성군법원 전화번호 **043) 841-0881**으로 전화하여 인지와 송달료의 수납은행을 알려달라고 하여 이동하시면 아마 법원과 가까운 수납은행을 안내하면 그 수납은행의 창구에 인지(소송등 인지의 현금납부서) **3장**으로 구성된 것을 작성하고 송달료(예납 · 추납)

납부서 **3장**으로 구성된 것을 같이 작성해 내시면 수납창구에서 인지에 대해서는 소송등 인지의 현금영수필확인서와 같은 영수증을 돌려주고 송달료에 대해서는 법원제출용과 영수증을 주면 영수증은 잘 보관하시고 음성군법원으로 가서 지급명령신청 독촉계에 내시면 '차' 자로 된 사건번호를 적어오면 그 다음날 오후부터 대법원 나의 사건 검색창에서 위 사건번호로 사건진행상황을 모두 확인할 수 있습니다.

또한 직접 법원으로 가실 수 없는 경우에는 위와 같이 지급명령신청서 **1통**, 당사자표시 **3통**을 작성하여 농협은행이 대부분 수납은행 업무를 보고 있는 곳이 있으므로 수납하고 가까운 우체국으로 가서 위 해당하는 법원의 독촉사건 담당자 앞으로 보내신 후 **3일** 후 접수한 법원으로 전화하여 사건번호를 물어보시면 사건번호를 알려줍니다.

지급명령신청서

채 권 자 : ○   ○   ○

채 무 자 : 주식회사 ○○디엔씨 외1

소송물 가액금	금	38,000,000원
첨부할 인지액	금	17,600원
첨부한 인지액	금	17,600원
납부한 송달료	금	44,400원
비 고		

대전지방법원 천안지원 귀중

지급명령신청서

1.채권자

성 명	○ ○ ○	주민등록번호	생략
주 소	충청남도 천안시 ○○로 ○○, ○○○-○○○○호		
직 업	상업	사무실 주 소	생략
전 화	(휴대폰) 010 - 2400 - 0000		
기타사항	이 사건 채권자입니다.		

2.채무자1

성 명	○ ○ ○	주민등록번호	생략
주 소	충청남도 아산시 ○○로 ○○, ○○○-○○○호		
직 업	상업	사무실 주 소	생략
전 화	(휴대폰) 010 - 8879 - 0000		
기타사항	이 사건 채무자1입니다.		

채무자2

성 명	주식회사 ○○개발산업(법인등록번호)
주 소	대전시 ○○구 ○○로길 ○○, ○○○호
대 표 자	대표이사 ○ ○ ○
전 화	(휴대폰) 010 - 6654 - 0000
기타사항	이 사건 채무자2입니다.

3.대여금청구의 독촉사건

신청취지

채무자들은 연대하여 채권자에게 금 **38,000,000원** 및 이에 대한 〇〇〇〇. 〇〇. 〇〇.부터 이 사건 지급명령결정정본을 송달 받는 날까지는 **연 18%**, 그 다음날부터 다 갚는 날까지는 **연 15%**의 각 비율에 의한 금액 및 아래 독촉절차비용을 합한 금액을 지급하라는 지급명령을 구합니다.

— 아 래 —

금   62,000 원   독촉절차비용

— 내 역 —

금   17,600 원   수입인지
금   44,400 원   송달료

신청이유

1. 채권자는 채무자1에게 채무자2의 보증아래 〇〇〇〇. 〇〇. 〇〇. 금 **38,0 00,000원**을 대여해주면서 변제기한은 〇〇〇〇. 〇〇. 〇〇.까지 이자는 **월 1.5%**를 지급받기로 한 사실이 있습니다.

2. 그런데 채무자1은 상환기일이 훨씬 지나도록 단 한 차례도 원리금을 지급하지 않고 있고 채권자는 채무자들에게 수차례에 걸쳐 전화 등으로 변제를 독촉하였으나 지금까지 차일피일 지체하면서 지급하지 않고 있습니다.

3. 따라서 채권자는 채무자들로부터 위 대여금 **38,000,000원** 및 이에 대한 〇〇〇〇. 〇〇. 〇〇.부터 이 사건 지급명령결정정본을 송달 받는 날까지는 약정한 이자인 **연 18%**(계산의 편의상 **월 1.5%**를 연단위로 환산하

였습니다), 그 다음날부터 다 갚는 날까지는 소송촉진등에관한특례법에서 정한 **연 15%**의 각 비율에 의한 이자, 지연손해금 및 독촉절차비용을 합한 금액의 지급을 받기 위하여 이 사건 지급명령신청에 이른 것입니다.

소명자료 및 첨부서류

1. 소 갑제1호증   보증인이 있는 지불각서
1. 송달료납부서
1. 인지납부확인서

○○○○ 년 ○○ 월 ○○ 일

위 채권자 : ○ ○ ○ (인)

대전지방법원 천안지원 귀중

당사자표시

1.채권자

성 명	○ ○ ○	주민등록번호	생략
주 소	충청남도 천안시 ○○로 ○○, ○○○-○○○○호		
직 업	상업	사무실 주 소	생략
전 화	(휴대폰) 010 - 2400 - 0000		
기타사항	이 사건 채권자입니다.		

2.채무자1

성 명	○ ○ ○	주민등록번호	생략
주 소	충청남도 아산시 ○○로 ○○, ○○○-○○○호		
직 업	상업	사무실 주 소	생략
전 화	(휴대폰) 010 - 8879 - 0000		
기타사항	이 사건 채무자1입니다.		

채무자2

성 명	주식회사 ○○개발산업(법인등록번호)
주 소	대전시 ○○구 ○○로길 ○○, ○○○호
대 표 자	대표이사 ○ ○ ○
전 화	(휴대폰) 010 - 6654 - 0000
기타사항	이 사건 채무자2입니다.

3.대여금청구의 독촉사건

신 청 취 지

채무자들은 연대하여 채권자에게 **금 38,000,000원** 및 이에 대한 ○○○○. ○○. ○○.부터 이 사건 지급명령결정정본을 송달 받는 날까지는 **연 18%**, 그 다음날부터 다 갚는 날까지는 **연 15%**의 각 비율에 의한 금액 및 아래 독촉절차비용을 합한 금액을 지급하라는 지급명령을 구합니다.

- 아 래 -

금   62,000 원   독촉절차비용

- 내 역 -

금   17,600 원   수입인지
금   44,400 원   송달료

신 청 이 유

1. 채권자는 채무자1에게 채무자2의 보증아래 ○○○○. ○○. ○○. 금 38,000,000원을 대여해주면서 변제기한은 ○○○○. ○○. ○○.까지 이자는 **월 1.5%**를 지급받기로 한 사실이 있습니다.

2. 그런데 채무자1은 상환기일이 훨씬 지나도록 단 한 차례도 원리금을 지급하지 않고 있고 채권자는 채무자들에게 수차례에 걸쳐 전화 등으로 변제를 독촉하였으나 지금까지 차일피일 지체하면서 지급하지 않고 있습니다.

3. 따라서 채권자는 채무자들로부터 위 대여금 **38,000,000원** 및 이에 대한 ○○○○. ○○. ○○.부터 이 사건 지급명령결정정본을 송달 받는 날까지는 약정한 이자인 **연 18%**(계산의 편의상 **월 1.5%**를 연단위로 환산하

였습니다), 그 다음날부터 다 갚는 날까지는 소송촉진등에관한특례법에서 정한 **연 15%**의 각 비율에 의한 이자, 지연손해금 및 독촉절차비용을 합한 금액의 지급을 받기 위하여 이 사건 지급명령신청에 이른 것입니다.

- 끝 -

접수방법

1. 관할법원

위 사례에 대한 관할법원은 대여금 청구사건이므로 의무이행지인 채권자의 주소지인 충청남도 천안시도 관할법원이고, 채무자1의 보통재판적 주소지인 충청남도 아산시도 관할법원이고 채무자2의 보통재판적 주소지인 대전시도 관할법원이 되기 때문에 채권자는 편리하다고 생각되는 아래의 관할법원을 선택하여 지급명령신청을 하시면 됩니다.

대전지방법원 천안지원 아산시법원
충청남도 아산시 용화로76번길 7(용화동 970)
전화번호 041) 549-0698

대전지방법원
대전시 서구 둔산중앙로 78번길 45(둔산동)
전화번호 041) 470-1114 민원안내 041) 470-1313

대전지방법원 천안지원
충청남도 천안시 동남구 신부7길 17(신부동 72-16)
전화번호 041) 620-3000 민원안내 041) 620-3058

2. 수입인지 계산

이 사건은 청구금액이 금 38,000,000이므로 38,000,000×0.0045+5,000÷10 = 17,600원입니다.

3. 송달료금 계산

송달료는 1회분이 3,700원입니다. 이 사건은 채권자1인 채무자2인이므로 각 4회분씩 총 12회분의 금 44,400원이 됩니다.

4. 준비서류

1) 지급명령신청서 **1통**, 2) 당사자표시 **3통**, 3) 수입인지 납부서 **1통**, 4) 송달료 납부서 **1통**, 5) 소 갑제1호증 지불각서, 6) 채무자2가 법인이므로 법인등기부등본 **1통** 첨부

5. 제출하는 방법

채권자는 지급명령신청서에 소 갑제1호증지불각서 **1통**과 채무자2의 법인등기부등본 **1통**을 첨부하여 1통을 프린트하고 이어서 당사자표시 **3통**을 작성하시고

대전지방법원 천안지원 아산시법원에 접수하실 경우 아산시법원에서는 법원 안에 수납은행이 상주하지 않으므로 먼저 아산시법원 전화번호 **041) 549-0698**으로 전화하여 인지와 송달료의 수납은행을 알려달라고 하여 이동하시면 아마 법원과 가까운 수납은행을 안내하면 그 수납은행의 창구에 인지(소송등인지의 현금납부서) **3장**으로 구성된 것을 작성하고 송달료(예납·추납)납부서 **3장**으로 구성된 것을 같이 작성해 내시면 수납창구에서 인지에 대해서는 소송등 인지의 현금영수필확인서와 같은 영수증을 돌려주고 송달료에 대해서는 법원제출용과 영수증을 주면 영수증은 잘 보관하시고 아산시법원으로 가서 지급명령신청 독촉계에 내시면 '차'자로 된 사건번호를 적어오면 그 다음날 오후부터 대법원 나의 사건 검색창에서 위 사건번호로 사건진행상황을 모두 확인할 수 있습니다.

대전지방법원에 접수하실 경우 법원 안에 가시면 신한은행이 상주하고 있으므로 그 수납은행의 창구에 인지(소송등 인지의 현금납부서) 3장으로 구성된 것을 작성하고 송달료(예납·추납)납부서 3장으로 구성된 것을 같이 작성해 내시면 수납창구에서 인지에 대해서는 소송등 인지의 현금영수필확인서와 같은 영수증을 돌려주고 송달료에 대해서는 법원제출용과 영수증을 주면 영수증은 잘 보관하시고 법원 안에 보시면 지급명령신청 독촉계로 찾아가 내시면 바로 '차'자로 된 사건번호를 적어오면 그 다음날 오후부터 대법원 나의 사건 검색창에서 위 사건번호로 사건진행상황을 모두 확인할 수 있습니다.

대전지방법원 천안지원에 접수하실 경우 법원 안에 가시면 수납은행이 상주하고 있으므로 그 수납은행의 창구에 인지(소송등 인지의 현금납부서) 3장으로 구성된 것을 작성하고 송달료(예납·추납)납부서 3장으로 구성된 것을 같이 작성해 내시면 수납창구에서 인지에 대해서는 소송등 인지의 현금영수필확인서와 같은 영수증을 돌려주고 송달료에 대해서는 법원제출용과 영수증을 주면 영수증은 잘 보관하시고 법원 안에 보시면 지급명령신청 독촉계로 찾아가 내시면 바로 '차'자로 된 사건번호를 적어오면 그 다음날 오후부터 대법원 나의 사건 검색창에서 위 사건번호로 사건진행상황을 모두 확인할 수 있습니다.

또한 직접 법원으로 가실 수 없는 경우에는 위와 같이 지급명령신청서 1통, 당사자표시 3통을 작성하여 신한은행이나 농협은행에서 인지와 송달료를 수납하고 가까운 우체국으로 가서 위 해당하는 법원의 독촉사건 담당자 앞으로 보내신 후 3일 후 접수한 법원으로 전화하여 사건번호를 물어보시면 사건번호를 알려줍니다.

지급명령신청서

채 권 자 : ○   ○   ○

채 무 자 : ○   ○   ○ 외1

소송물 가액금	금	52,000,000원
첨부할 인지액	금	23,900원
첨부한 인지액	금	23,900원
납부한 송달료	금	44,400원
비 고		

창원지방법원 창원남부시법원 귀중

지급명령신청서

1.채권자

성 명	○ ○ ○	주민등록번호	생략
주 소	경상남도 창원시 진해구 ○○로 ○○, ○○-○○○호		
직 업	상업	사무실 주 소	생략
전 화	(휴대폰) 010 - 1987 - 0000		
기타사항	이 사건 채권자입니다.		

2.채무자1

성 명	○ ○ ○	주민등록번호	생략
주 소	경상남도 통영시 ○○로 ○○, ○○○-○○○호		
직 업	상업	사무실 주 소	생략
전 화	(휴대폰) 010 - 9890 - 0000		
기타사항	이 사건 채무자1입니다.		

채무자2

성 명	○ ○ ○	주민등록번호	생략
주 소	경상남도 남해군 남해읍○○로 ○○, ○○○호		
직 업	어업	사무실 주 소	생략
전 화	(휴대폰) 010 - 8876 - 0000		
기타사항	이 사건 채무자2입니다.		

3.대여금청구의 독촉사건

신청취지

채무자들은 연대하여 채권자에게 금 **52,000,000원** 및 이에 대한 ○○○○. ○○. ○○.부터 이 사건 지급명령결정 정본이 송달된 날까지는 **연 5%**의, 그 다음날부터 다 갚는 날까지는 **연 15%**의 각 비율에 의한 금원 및 아래 독촉절차비용을 합한 금액을 지급하라는 지급명령을 구합니다.

- 아 래 -

금	74,000 원	독촉절차비용

- 내 역 -

금	23,900 원	수입인지
금	44,400 원	송달료

신청이유

1. 채무자1은 채무자2의 보증아래 채권자로부터 ○○○○. ○○. ○○. 금 52,000,000원을 차용하면서 ○○○○. ○○. ○○.까지 변제하기로 약정하는 현금보관증을 작성하여 채권자에게 교부한바 있었던바, 변제기일이 도과한 후 현재까지 이를 지급하지 않고 있습니다.

2. 이에 채권자는 채무자1과 채무자2에게 전화 또는 찾아가 수차례에 걸쳐 변제를 독촉하였으나 현재에 이르기까지 이를 변제하지 않고 있습니다.

3. 따라서 채권자는 채무자들로부터 위 대여금 **52,000,000원** 및 이에 대한 ○○○○. ○○. ○○.부터 이 사건 지급명령결정정본을 송달 받는 날까지는 **연 5%**의, 그 다음날부터 다 갚는 날까지는 소송촉진 등에 관한 특

례법에서 정한 **연 15%**의 각 비율에 의한 이자, 지연손해금 및 독촉절차 비용을 합한 금액의 지급을 받기 위하여 이 사건 지급명령신청에 이른 것입니다.

소명자료 및 첨부서류

1. 소 갑제1호증   보증인이 있는 현금보관증
1. 송달료납부서
1. 인지납부확인서

○○○○ 년 ○○ 월 ○○ 일

위 채권자 : ○ ○ ○ (인)

창원지방법원 창원남부시법원 귀중

당사자표시

1.채권자

성 명	○ ○ ○	주민등록번호	생략
주 소	경상남도 창원시 진해구 ○○로 ○○, ○○-○○○호		
직 업	상업	사무실 주 소	생략
전 화	(휴대폰) 010 - 1987 - 0000		
기타사항	이 사건 채권자입니다.		

2.채무자1

성 명	○ ○ ○	주민등록번호	생략
주 소	경상남도 통영시 ○○로 ○○, ○○○-○○○호		
직 업	상업	사무실 주 소	생략
전 화	(휴대폰) 010 - 9890 - 0000		
기타사항	이 사건 채무자1입니다.		

채무자2

성 명	○ ○ ○	주민등록번호	생략
주 소	경상남도 남해군 남해읍○○로 ○○, ○○○호		
직 업	어업	사무실 주 소	생략
전 화	(휴대폰) 010 - 8876 - 0000		
기타사항	이 사건 채무자2입니다.		

3.대여금청구의 독촉사건

신 청 취 지

채무자들은 연대하여 채권자에게 금 52,000,000원 및 이에 대한 ○○○○. ○○. ○○.부터 이 사건 지급명령결정 정본이 송달된 날까지는 **연 5%**의, 그 다음날부터 다 갚는 날까지는 **연 15%**의 각 비율에 의한 금원 및 아래 독촉절차비용을 합한 금액을 지급하라는 지급명령을 구합니다.

- 아 래 -

금   74,000 원   독촉절차비용

- 내 역 -

금   23,900 원   수입인지
금   44,400 원   송달료

신 청 이 유

1. 채무자1은 채무자2의 보증아래 채권자로부터 ○○○○. ○○. ○○. 금 52,000,000원을 차용하면서 ○○○○. ○○. ○○.까지 변제하기로 약정하는 현금보관증을 작성하여 채권자에게 교부한바 있었는바, 변제기일이 도과한 후 현재까지 이를 지급하지 않고 있습니다.

2. 이에 채권자는 채무자1과 채무자2에게 전화 또는 찾아가 수차례에 걸쳐 변제를 독촉하였으나 현재에 이르기까지 이를 변제하지 않고 있습니다.

3. 따라서 채권자는 채무자들로부터 위 대여금 52,000,000원 및 이에 대한 ○○○○. ○○. ○○.부터 이 사건 지급명령결정정본을 송달 받는 날까지는 **연 5%**의, 그 다음날부터 다 갚는 날까지는 소송촉진 등에 관한 특

례법에서 정한 **연 15%**의 각 비율에 의한 이자, 지연손해금 및 독촉절차
비용을 합한 금액의 지급을 받기 위하여 이 사건 지급명령신청에 이른 것
입니다.

- 끝 -

접수방법

1. 관할법원

위 사례에 대한 관할법원은 대여금 청구사건이므로 의무이행지인 채권자의 주소지인 경상남도 진해구도 관할법원이고, 채무자1의 보통재판적 주소지인 경상남도 통영시도 관할법원이고 채무자2의 보통재판적 주소지인 경상남도 남해군도 관할법원이 되기 때문에 채권자는 편리하다고 생각되는 아래의 관할법원을 선택하여 지급명령신청을 하시면 됩니다.

창원지방법원 진주지원 남해군법원
경상남도 남해군 남해읍 북변리 235-2
전화번호 055) 864-6904

창원지방법원 통영지원
경상남도 통영시 용남면 동달안길 67
전화번호 055) 640-8500

창원지방법원 창원남부시법원
경상남도 창원시 진해구 석동 655-1
전화번호 055) 542-9592

2. 수입인지 계산

이 사건은 청구금액이 금 52,000,000이므로 52,000,000×0.0045+5,000÷10 = 23,900원입니다.

3. 송달료금 계산

송달료는 1회분이 3,700원입니다. 이 사건은 채권자1인 채무자2인이므로 각 4회분씩 총 12회분의 금 44,400원이 됩니다.

4. 준비서류

1) 지급명령신청서 **1통**, 2) 당사자표시 **3통**, 3) 수입인지 납부서 **1통**, 4) 송달료 납부서 **1통**, 5) 소 갑제1호증 현금보관증,

5. 제출하는 방법

채권자는 지급명령신청서에 소 갑제1호증 현금보관증을 첨부하여 **1통**을 프린트하고 이어서 당사자표시 **3통**을 작성하시고

창원지방법원 진주지원 남해군법원에 접수하실 경우 남해군법원에서는 법원 안에 수납은행이 상주하지 않으므로 먼저 남해군법원 전화번호 **055) 864 -6904**으로 전화하여 인지와 송달료의 수납은행을 알려달라고 하여 이동하시면 아마 법원과 가까운 수납은행을 안내하면 그 수납은행의 창구에 인지(소송등 인지의 현금납부서) **3장**으로 구성된 것을 작성하고 송달료(예납·추납) 납부서 **3장**으로 구성된 것을 같이 작성해 내시면 수납창구에서 인지에 대해서는 소송등 인지의 현금영수필확인서와 같은 영수증을 돌려주고 송달료에 대해서는 법원제출용과 영수증을 주면 영수증은 잘 보관하시고 남해군법원으로 가서 지급명령신청 독촉계에 내시면 '차'자로 된 사건번호를 적어오면 그 다음날 오후부터 대법원 나의 사건 검색창에서 위 사건번호로 사건진행상황을 모두 확인할 수 있습니다.

창원지방법원 통영지원에 접수하실 경우 통영지원 안에 가시면 수납은행이 상주하고 있으므로 그 수납은행의 창구에 인지(소송등 인지의 현금납부

서) 3장으로 구성된 것을 작성하고 송달료(예납·추납)납부서 3장으로 구성된 것을 같이 작성해 내시면 수납창구에서 인지에 대해서는 소송등 인지의 현금영수필확인서와 같은 영수증을 돌려주고 송달료에 대해서는 법원제출용과 영수증을 주면 영수증은 잘 보관하시고 법원 안에 보시면 지급명령신청 독촉계로 찾아가 내시면 바로 '차' 자로 된 사건번호를 적어오면 그 다음날 오후부터 대법원 나의 사건 검색창에서 위 사건번호로 사건진행상황을 모두 확인할 수 있습니다.

창원지방법원 창원남부시법원에 접수하실 경우 창원남부시법원에는 법원 안에 수납은행이 상주하지 않으므로 먼저 창원남부시법원 전화번호 055) 542-9592으로 전화하여 인지와 송달료의 수납은행을 알려달라고 하여 이동하시면 아마 법원과 가까운 수납은행을 안내하면 그 수납은행의 창구에 인지(소송등 인지의 현금납부서) 3장으로 구성된 것을 작성하고 송달료(예납·추납) 납부서 3장으로 구성된 것을 같이 작성해 내시면 수납창구에서 인지에 대해서는 소송등 인지의 현금영수필확인서와 같은 영수증을 돌려주고 송달료에 대해서는 법원제출용과 영수증을 주면 영수증은 잘 보관하시고 창원남부시법원으로 가서 지급명령신청 독촉계에 내시면 '차' 자로 된 사건번호를 적어오면 그 다음날 오후부터 대법원 나의 사건 검색창에서 위 사건번호로 사건진행상황을 모두 확인할 수 있습니다.

또한 직접 법원으로 가실 수 없는 경우에는 위와 같이 지급명령신청서 1통, 당사자표시 3통을 작성하여 수납은행에서 인지와 송달료를 수납하고 가까운 우체국으로 가서 위 해당하는 법원의 독촉사건 담당자 앞으로 보내신 후 3일 후 접수한 법원으로 전화하여 사건번호를 물어보시면 사건번호를 알려줍니다.

지급명령신청서

채 권 자 : ○   ○   ○

채 무 자 : ○   ○   ○ 외1

소송물 가액금	금 127,000,000원	
첨부할 인지액	금 56,300원	
첨부한 인지액	금 56,300원	
납부한 송달료	금 44,400원	
비 고		

전주지방법원 정읍지원 귀중

지급명령신청서

1.채권자

성 명	○ ○ ○	주민등록번호	생략
주 소	전라북도 정읍시 ○○로 ○○, ○○○-○○○○호		
직 업	상업	사무실 주 소	생략
전 화	(휴대폰) 010 - 9800 - 0000		
기타사항	이 사건 채권자입니다.		

2.채무자1

성 명	○ ○ ○	주민등록번호	생략
주 소	전라북도 군산시 ○○로 ○○, ○○○-○○○호		
직 업	상업	사무실 주 소	생략
전 화	(휴대폰) 010 - 2429 - 0000		
기타사항	이 사건 채무자1입니다.		

채무자2

성 명	○ ○ ○	주민등록번호	생략
주 소	전라북도 김제시 ○○로 ○○, ○○○호		
직 업	상업	사무실 주 소	생략
전 화	(휴대폰) 010 - 2992 - 0000		
기타사항	이 사건 채무자1입니다.		

3.대여금청구의 독촉사건

신청취지

채무자들은 연대하여 채권자에게 **금 127,000,000원** 및 이에 대한 ○○○○. ○○. ○○.부터 이 사건 지급명령결정정본을 송달 받는 날까지는 **연 18%**, 그 다음날부터 다 갚는 날까지는 **연 15%**의 각 비율에 의한 금액 및 아래 독촉절차비용을 합한 금액을 지급하라는 지급명령을 구합니다.

- 아   래 -

금   100,700 원   독촉절차비용

- 내   역 -

금   56,300 원   수입인지
금   44,400 원   송달료

신청이유

1. 채권자는 채무자1에게 채무자2의 보증아래 ○○○○. ○○. ○○. 금 127,000,000원을 대여해주면서 변제기한은 ○○○○. ○○. ○○.까지 이자는 **월 1.5%**를 지급받기로 한 사실이 있습니다.

2. 그런데 채무자1은 상환기일이 훨씬 지나도록 단 한 차례도 원리금을 지급하지 않고 있고 채권자는 채무자들에게 수차례에 걸쳐 찾아가거나 전화 등으로 변제를 독촉하였으나 지금까지 차일피일 지체하면서 현재에 이르기까지 지급하지 않고 있습니다.

3. 따라서 채권자는 채무자들로부터 위 대여금 **127,000,000원** 및 이에 대한 ○○○○. ○○. ○○.부터 이 사건 지급명령결정정본을 송달 받는 날까지는 약정한 이자인 **연 18%**(계산의 편의상 **월 1.5%**를 연단위로 환산하였습

니다), 그 다음날부터 다 갚는 날까지는 소송촉진 등에 관한 특례법에서 정한 **연 15%**의 각 비율에 의한 이자, 지연손해금 및 독촉절차비용을 합한 금액의 지급을 받기 위하여 이 사건 지급명령신청에 이른 것입니다.

소 명 자 료 및 첨 부 서 류

1. 소 갑제1호증   금전소비대차계약
1. 송달료납부서
1. 인지납부확인서

○○○○ 년 ○○ 월 ○○ 일

위 채권자 : ○ ○ ○ (인)

전주지방법원 정읍지원 귀중

당사자표시

1.채권자

성 명	○ ○ ○	주민등록번호		생략
주 소	전라북도 정읍시 ○○로 ○○, ○○○-○○○○호			
직 업	상업	사무실 주 소	생략	
전 화	(휴대폰) 010 - 9800 - 0000			
기타사항	이 사건 채권자입니다.			

2.채무자1

성 명	○ ○ ○	주민등록번호		생략
주 소	전라북도 군산시 ○○로 ○○, ○○○-○○○호			
직 업	상업	사무실 주 소	생략	
전 화	(휴대폰) 010 - 2429 - 0000			
기타사항	이 사건 채무자1입니다.			

채무자2

성 명	○ ○ ○	주민등록번호		생략
주 소	전라북도 김제시 ○○로 ○○, ○○○호			
직 업	상업	사무실 주 소	생략	
전 화	(휴대폰) 010 - 2992 - 0000			
기타사항	이 사건 채무자1입니다.			

3.대여금청구의 독촉사건

신청취지

채무자들은 연대하여 채권자에게 **금 127,000,000원** 및 이에 대한 ○○○○. ○○. ○○.부터 이 사건 지급명령결정정본을 송달 받는 날까지는 **연 18%**, 그 다음날부터 다 갚는 날까지는 **연 15%**의 각 비율에 의한 금액 및 아래 독촉절차비용을 합한 금액을 지급하라는 지급명령을 구합니다.

- 아 래 -

금   100,700 원   독촉절차비용

- 내 역 -

금   56,300 원   수입인지
금   44,400 원   송달료

신청이유

1. 채권자는 채무자1에게 채무자2의 보증아래 ○○○○. ○○. ○○. **금 127,0 00,000원**을 대여해주면서 변제기한은 ○○○○. ○○. ○○.까지 이자는 **월 1.5%**를 지급받기로 한 사실이 있습니다.

2. 그런데 채무자1은 상환기일이 훨씬 지나도록 단 한 차례도 원리금을 지급하지 않고 있고 채권자는 채무자들에게 수차례에 걸쳐 찾아가거나 전화 등으로 변제를 독촉하였으나 지금까지 차일피일 지체하면서 현재에 이르기까지 지급하지 않고 있습니다.

3. 따라서 채권자는 채무자들로부터 위 대여금 **127,000,000원** 및 이에 대한 ○○○○. ○○. ○○.부터 이 사건 지급명령결정정본을 송달 받는 날까지

는 약정한 이자인 **연 18%**(계산의 편의상 **월 1.5%**를 연단위로 환산하였습니다), 그 다음날부터 다 갚는 날까지는 소송촉진 등에 관한 특례법에서 정한 **연 15%**의 각 비율에 의한 이자, 지연손해금 및 독촉절차비용을 합한 금액의 지급을 받기 위하여 이 사건 지급명령신청에 이른 것입니다.

- 끝 -

접수방법

1. 관할법원

　　위 사례에 대한 관할법원은 대여금 청구사건이므로 의무이행지인 채권자의 주소지인 전라북도 정읍시도 관할법원이고, 채무자1의 보통재판적 주소지인 전라북도 군산시도 관할법원이고 채무자2의 보통재판적 주소지인 전라북도 김제시도 모두 관할법원이 되기 때문에 채권자는 편리하다고 생각되는 아래의 관할법원을 선택하여 지급명령신청을 하시면 됩니다.

　　전주지방법원 군산지원
　　전라북도 군산시 법원로 68(조촌동 전주지방법원 군산지원)
　　전화번호 063) 450-5080

　　전주지방법원 김제시법원
　　전라북도 김제시 중앙로 239(신풍동 190-1)
　　전화번호 063) 547-2806

　　전주지방법원 정읍지원
　　전라북도 정읍시 수성6로 29(수성동 정읍지원)
　　전화번호 063) 570-1180, 1184

2. 수입인지 계산

　　이 사건은 청구금액이 금 127,000,000이므로 127,000,000×0.0040+55,000 ÷10 = 56,300원입니다.

3. 송달료금 계산

송달료는 1회분이 3,700원입니다. 이 사건은 채권자1인 채무자2인이므로 각 4회분씩 총 12회분의 금 44,400원이 됩니다.

4. 준비서류

1) 지급명령신청서 **1통**, 2) 당사자표시 **3통**, 3) 수입인지 납부서 **1통**,
4) 송달료 납부서 **1통**, 5) 소 갑제1호증 금전소비대차계약서 첨부

5. 제출하는 방법

채권자는 지급명령신청서에 소 갑제1호증 금전소비대차계약서 **1통**을 첨부하여 **1통**을 프린트하고 이어서 당사자표시 **3통**을 작성하시고

전주지방법원 군산지원에 접수하실 경우 군산지원 안에 수납은행이 상주하고 있으므로 그 수납은행의 창구에 인지(소송등 인지의 현금납부서) **3장**으로 구성된 것을 작성하고 송달료(예납·추납)납부서 **3장**으로 구성된 것을 같이 작성해 내시면 수납창구에서 인지에 대해서는 소송등 인지의 현금영수필확인서와 같은 영수증을 돌려주고 송달료에 대해서는 법원제출용과 영수증을 주면 영수증은 잘 보관하시고 군산지원 안에 있는 종합민원실로 가서 지급명령신청 독촉계에 내시면 '차'자로 된 사건번호를 적어오면 그 다음날 오후부터 대법원 나의 사건 검색창에서 위 사건번호로 사건진행상황을 모두 확인할 수 있습니다.

전주지방법원 김제시법원에 접수하실 경우 김제시법원에는 수납은행이 상주하지 않으므로 먼저 김제시법원 전화번호 063) 547-2806으로 전화하여 인지 및 송달료의 수납은행을 알려달라고 하면 바로 김제시법원 주변에 있는 수납은행을 확인한 후 이동하시면 편리하며 그 수납은행의 창구에 인지(소송

등 인지의 현금납부서) **3장**으로 구성된 것을 작성하고 송달료(예납·추납)납부서 **3장**으로 구성된 것을 같이 작성해 내시면 수납창구에서 인지에 대해서는 소송등 인지의 현금영수필확인서와 같은 영수증을 돌려주고 송달료에 대해서는 법원제출용과 영수증을 주면 영수증은 잘 보관하시고 김제시법원 안에 보시면 지급명령신청 독촉계로 찾아가 내시면 바로 '차'자로 된 사건번호를 적어오면 그 다음날 오후부터 대법원 나의 사건 검색창에서 위 사건번호로 사건진행상황을 모두 확인할 수 있습니다.

전주지방법원 정읍지원에 접수하실 경우 정읍지원 안에 수납은행이 상주하고 있으므로 그 수납은행의 창구에 인지(소송등 인지의 현금납부서) **3장**으로 구성된 것을 작성하고 송달료(예납·추납)납부서 **3장**으로 구성된 것을 같이 작성해 내시면 수납창구에서 인지에 대해서는 소송등 인지의 현금영수필확인서와 같은 영수증을 돌려주고 송달료에 대해서는 법원제출용과 영수증을 주면 영수증은 잘 보관하시고 정읍지원 안에 있는 종합민원실로 가서 지급명령신청 독촉계에 내시면 '차'자로 된 사건번호를 적어오면 그 다음날 오후부터 대법원 나의 사건 검색창에서 위 사건번호로 사건진행상황을 모두 확인할 수 있습니다.

또한 직접 법원으로 가실 수 없는 경우에는 위와 같이 지급명령신청서 **1통**, 당사자표시 **3통**을 작성하여 수납은행에서 인지와 송달료를 수납하고 가까운 우체국으로 가서 위 해당하는 법원의 독촉사건 담당자 앞으로 보내신 후 **3일** 후 접수한 법원으로 전화하여 사건번호를 물어보시면 사건번호를 알려줍니다.

【대여금청구16】 채권자가 채무자에게 2번에 걸쳐 돈을 빌려주면서 보증인을 세웠는데
원리금을 지급하지 않아 채무자와 보증인을 상대로 청구하는 사례

지급명령신청서

채 권 자 : ○   ○   ○

채 무 자 : ○   ○   ○ 외1

소송물 가액금	금	550,000,000원
첨부할 인지액	금	225,500원
첨부한 인지액	금	225,500원
납부한 송달료	금	44,400원
비 고		

청주지방법원 독촉계 귀중

지급명령신청서

1.채권자

성 명	○ ○ ○	주민등록번호	생략
주 소	청주시 ○○구 ○○로 ○○, ○○○-○○○○호		
직 업	개인사업	사무실 주 소	생략
전 화	(휴대폰) 010 - 1266 - 0000		
기타사항	이 사건 채권자입니다.		

2.채무자1

성 명	○ ○ ○	주민등록번호	생략
주 소	충청북도 영동군 ○○로 ○○, ○○○-○○○호		
직 업	상업	사무실 주 소	생략
전 화	(휴대폰) 010 - 2498 - 0000		
기타사항	이 사건 채무자1입니다.		

채무자2

성 명	○ ○ ○	주민등록번호	생략
주 소	충청북도 보은군 보은읍 ○○로 ○○, ○○○호		
직 업	상업	사무실 주 소	생략
전 화	(휴대폰) 010 - 7765 - 0000		
기타사항	이 사건 채무자2입니다.		

3.대여금청구의 독촉사건

신 청 취 지

채무자들은 연대하여 채권자에게 **금 550,000,000원** 및 그 중 **330,000,000원**에 대하여는 ○○○○. ○○. ○○.부터 지급명령정본이 송달된 날까지는 **연 5%**의 비율에 의한, **금 220,000,000원**에 대하여는 ○○○○. ○○. ○○.부터 지급명령정본이 송달된 날까지는 **연 5%**의 각 그 다음날부터 다 갚는 날까지는 **연 15%**의 각 비율에 의한 금원 및 아래 독촉절차비용을 합한 금액을 지급하라는 지급명령을 구합니다.

- 아   래 -

금	269,900 원	독촉절차비용

- 내   역 -

금	225,500 원	수입인지
금	44,400 원	송달료

신 청 이 유

1. 채무자1은 채무자2의 보증아래 채권자로부터 ○○○○. ○○. ○○. 금 330,000,000원을 차용하면서 바로 토지를 매각하면 지급하기로 하였고, 금 220,000,000원은 ○○○○. ○○. ○○.차용하고 매매대금을 지급받는데로 지급하기로 하고 차용증 1매와 현금보관증 1매를 작성하여 채권자에게 교부한바 있는바, 현재까지 이를 지급하지 않고 있습니다.

2. 이에 채권자는 채무자1과 채무자2에게 전화 또는 찾아가 수차례에 걸쳐 변제할 것을 독촉하였으나 현재에 이르기까지 차일피일 지체하면서 이를 변제하지 않고 있습니다.

3. 따라서 채권자는 채무자들로부터 위 대여금 550,000,000원 및 그 중 330,

000,000원에 대하여는 ○○○○. ○○. ○○.부터 금 220,000,000원에 대하여는 ○○○○. ○○. ○○.부터 이 사건 지급명령결정정본을 송달 받는 날까지는 **연 5%**의, 각 그 다음날부터 다 갚는 날까지는 소송촉진 등에 관한 특례법에서 정한 **연 15%**의 각 비율에 의한 이자, 지연손해금 및 독촉절차비용을 합한 금액의 지급을 받기 위하여 이 사건 지급명령신청에 이른 것입니다.

소명자료 및 첨부서류

1. 소 갑제1호증   차용증
1. 소 갑제2호증   현금보관증
1. 송달료납부서
1. 인지납부확인서

○○○○ 년 ○○ 월 ○○ 일

위 채권자 : ○ ○ ○   (인)

청주지방법원 독촉계 귀중

당사자표시

1.채권자

성 명	○ ○ ○	주민등록번호	생략
주 소	청주시 ○○구 ○○로 ○○, ○○○-○○○○호		
직 업	개인사업	사무실 주 소	생략
전 화	(휴대폰) 010 - 1266 - 0000		
기타사항	이 사건 채권자입니다.		

2.채무자1

성 명	○ ○ ○	주민등록번호	생략
주 소	충청북도 영동군 ○○로 ○○, ○○○-○○○호		
직 업	상업	사무실 주 소	생략
전 화	(휴대폰) 010 - 2498 - 0000		
기타사항	이 사건 채무자1입니다.		

채무자2

성 명	○ ○ ○	주민등록번호	생략
주 소	충청북도 보은군 보은읍 ○○로 ○○, ○○○호		
직 업	상업	사무실 주 소	생략
전 화	(휴대폰) 010 - 7765 - 0000		
기타사항	이 사건 채무자2입니다.		

3.대여금청구의 독촉사건

신 청 취 지

채무자들은 연대하여 채권자에게 금 550,000,000원 및 그 중 330,000,000원에 대하여는 ○○○○. ○○. ○○.부터 지급명령정본이 송달된 날까지는 **연 5%**의 비율에 의한, **금 220,000,000원**에 대하여는 ○○○○. ○○. ○○.부터 지급명령정본이 송달된 날까지는 **연 5%**의 각 그 다음날부터 다 갚는 날까지는 **연 15%**의 각 비율에 의한 금원 및 아래 독촉절차비용을 합한 금액을 지급하라는 지급명령을 구합니다.

- 아   래 -

금   269,900 원   독촉절차비용

- 내   역 -

금   225,500 원   수입인지
금   44,400 원   송달료

신 청 이 유

1. 채무자1은 채무자2의 보증아래 채권자로부터 ○○○○. ○○. ○○. 금 330,000,000원을 차용하면서 바로 토지를 매각하면 지급하기로 하였고, 금 220,000,000원은 ○○○○. ○○. ○○.차용하고 매매대금을 지급받는 데로 지급하기로 하고 차용증 **1매**와 현금보관증 **1매**를 작성하여 채권자에게 교부한바 있는바, 현재까지 이를 지급하지 않고 있습니다.

2. 이에 채권자는 채무자1과 채무자2에게 전화 또는 찾아가 수차례에 걸쳐 변제할 것을 독촉하였으나 현재에 이르기까지 차일피일 지체하면서 이를 변제하지 않고 있습니다.

3. 따라서 채권자는 채무자들로부터 위 대여금 550,000,000원 및 그 중 330,000,000원에 대하여는 ○○○○. ○○. ○○.부터 금 220,000,000원에 대하여는 ○○○○. ○○. ○○.부터 이 사건 지급명령결정정본을 송달 받는 날까지는 **연 5%**의, 각 그 다음날부터 다 갚는 날까지는 소송촉진 등에 관한 특례법에서 정한 **연 15%**의 각 비율에 의한 이자, 지연손해금 및 독촉절차비용을 합한 금액의 지급을 받기 위하여 이 사건 지급명령신청에 이른 것입니다.

- 끝 -

접수방법

1. 관할법원

위 사례에 대한 관할법원은 대여금 청구사건이므로 의무이행지인 채권자의 주소지인 충청북도 청주시도 관할법원이고, 채무자1의 보통재판적 주소지인 충청북도 영동군도 관할법원이고 채무자2의 보통재판적 주소지인 충청북도 보은군도 모두 관할법원이 되기 때문에 채권자는 편리하다고 생각되는 아래의 관할법원을 선택하여 지급명령신청을 하시면 됩니다.

청주지방법원 영동지원
충청북도 영동군 영동읍 영동황간로 99(매천리 306)
전화번호 043) 740-4000

청주지방법원 보은군법원
충청북도 보은군 보은읍 보은로 147(교사리 54-13)
전화번호 043) 543-2520

청주지방법원
충청북도 청주시 서원구 산남로62번길 51(산남동 505)
전화번호 043) 249-7114

2. 수입인지 계산

이 사건은 청구금액이 금 550,000,000이므로 $550,000,000 \times 0.0040 + 55,000 \div 10 = 225,500$원입니다.

3. 송달료금 계산

　송달료는 1회분이 3,700원입니다. 이 사건은 채권자1인 채무자2인이므로 각 4회분씩 총 12회분의 금 44,400원이 됩니다.

4. 준비서류

　1) 지급명령신청서 **1통**, 2) 당사자표시 **3통**, 3) 수입인지 납부서 **1통**,
　4) 송달료 납부서 **1통**, 5) 소 갑제1호증 차용증, 소 갑제2호증 현금보관증 첨부

5. 제출하는 방법

　채권자는 지급명령신청서에 소 갑제1호증 차용증, 소 갑제2호증 현금보관증을 첨부하여 **1통**을 프린트하고 이어서 당사자표시 **3통**을 작성하시고

　청주지방법원 영동지원에 접수하실 경우 영동지원 안에는 수납은행이 상주하고 있으므로 그 수납은행의 창구에 인지(소송등 인지의 현금납부서) **3장**으로 구성된 것을 작성하고 송달료(예납·추납)납부서 **3장**으로 구성된 것을 같이 작성해 내시면 수납창구에서 인지에 대해서는 소송등 인지의 현금영수필확인서와 같은 영수증을 돌려주고 송달료에 대해서는 법원제출용과 영수증을 주면 영수증은 잘 보관하시고 영동지원 안에 있는 종합민원실로 가서 지급명령신청 독촉계에 내시면 '차' 자로 된 사건번호를 적어오면 그 다음날 오후부터 대법원 나의 사건 검색창에서 위 사건번호로 사건진행상황을 모두 확인할 수 있습니다.

　청주지방법원 보은군법원에 접수하실 경우 보은군법원에는 수납은행이 상주하지 않으므로 먼저 보은군법원 전화번호 043) 543-2520으로 전화하여 인지 및 송달료의 수납은행을 알려달라고 하면 바로 보은군법원 주변에 있는 수납은행을 확인한 후 이동하시면 편리하며 그 수납은행의 창구에 인지(소송

등 인지의 현금납부서) 3장으로 구성된 것을 작성하고 송달료(예납·추납)납부서 3장으로 구성된 것을 같이 작성해 내시면 수납창구에서 인지에 대해서는 소송등 인지의 현금영수필확인서와 같은 영수증을 돌려주고 송달료에 대해서는 법원제출용과 영수증을 주면 영수증은 잘 보관하시고 보은군법원 안에 보시면 지급명령신청 독촉계로 찾아가 내시면 바로 '차'자로 된 사건번호를 적어오면 그 다음날 오후부터 대법원 나의 사건 검색창에서 위 사건번호로 사건진행상황을 모두 확인할 수 있습니다.

청주지방법원에 접수하실 경우 청주지방법원 안에는 수납은행이 상주하고 있으므로 그 수납은행의 창구에 인지(소송등 인지의 현금납부서) 3장으로 구성된 것을 작성하고 송달료(예납·추납)납부서 3장으로 구성된 것을 같이 작성해 내시면 수납창구에서 인지에 대해서는 소송등 인지의 현금영수필확인서와 같은 영수증을 돌려주고 송달료에 대해서는 법원제출용과 영수증을 주면 영수증은 잘 보관하시고 청주지방법원 안에 있는 종합민원실로 가서 지급명령신청 독촉계에 내시면 '차'자로 된 사건번호를 적어오면 그 다음날 오후부터 대법원 나의 사건 검색창에서 위 사건번호로 사건진행상황을 모두 확인할 수 있습니다.

또한 직접 법원으로 가실 수 없는 경우에는 위와 같이 지급명령신청서 1통, 당사자표시 3통을 작성하여 수납은행에서 인지와 송달료를 수납하고 가까운 우체국으로 가서 위 해당하는 법원의 독촉사건 담당자 앞으로 보내신 후 3일 후 접수한 법원으로 전화하여 사건번호를 물어보시면 사건번호를 알려줍니다.

지급명령신청서

채 권 자 : ○   ○   ○

채 무 자 : ○   ○   ○ 외1

소송물 가액금	금	15,000,000원	
첨부할 인지액	금	7,200원	
첨부한 인지액	금	7,200원	
납부한 송달료	금	44,400원	
비 고			

전주지방법원 진안군법원 귀중

지급명령신청서

1.채권자

성　　명	○ ○ ○	주민등록번호	생략
주　　소	전라북도 진안군 진안읍 ○○로 ○○, ○○○호		
직　　업	개인사업	사무실 주　소	생략
전　　화	(휴대폰) 010 - 9887 - 0000		
기타사항	이 사건 채권자입니다.		

2.채무자1

성　　명	○ ○ ○	주민등록번호	생략
주　　소	전라북도 무주군 무주읍 ○○로 ○○, ○○○호		
직　　업	상업	사무실 주　소	생략
전　　화	(휴대폰) 010 - 1229 - 0000		
기타사항	이 사건 채무자1입니다.		

채무자2

성　　명	○ ○ ○	주민등록번호	생략
주　　소	전라북도 장수군 장수읍 ○○로 ○○, ○○○호		
직　　업	상업	사무실 주　소	생략
전　　화	(휴대폰) 010 - 6657 - 0000		
기타사항	이 사건 채무자2입니다.		

3.대여금청구의 독촉사건

신 청 취 지

채권자에게 무무자1 ○○○은 금 10,000,000원 및 이에 대한 ○○○○. ○ ○. ○○.부터 채무자2 ◎◎◎은 금 5,000,000원 및 이에 대한 ○○○○. ○ ○. ○○.부터 지급명령정본이 송달된 날까지는 **연 5%**의, 그 다음날부터 다 갚는 날까지는 **연 15%**의 각 비율에 의한 금원 및 아래 독촉절차비용을 합한 금액을 지급하라는 지급명령을 구합니다.

- 아 래 -

금   51,600 원   독촉절차비용

- 내 역 -

금   7,200 원   수입인지
금   44,400 원   송달료

신 청 이 유

1. 채권자는 채무자1 ○○○의 간곡한 부탁에 의하여 ○○○○. ○○. ○○. 금 10,000,000원을 대여하고 이 대여금은 ○○○○. ○○. ○○. 변제하 기로 하였고, 채무자2 ◎◎◎에게는 ○○○○. ○○. ○○. 금 5,000,000 원을 대여하고 ○○○○. ○○. ○○. 변제하기로 하여 각 차용증을 교부 받았으나 현재까지 이를 지급하지 않고 있습니다.

2. 이에 채권자는 채무자1과 채무자2에게 전화 또는 찾아가서 수차례에 걸쳐 변제할 것을 독촉하였으나 채무자들은 이에 아랑곳하지 않고 현재에 이르 기까지 차일피일 지체하면서 변제하지 않고 있습니다.

3. 따라서 채권자는 채무자1 ○○○에게는 금 10,000,000원에 대하여 ○○○

○. ○○. ○○.부터 채무자2 ◎◎◎에게는 **금 5,000,000원**에 대하여 ○
○○. ○○. ○○.부터 이 사건 지급명령결정정본을 송달 받는 날까지는
연 5%의, 각 그 다음날부터 다 갚는 날까지는 소송촉진 등에 관한 특례
법에서 정한 **연 15%**의 각 비율에 의한 이자, 지연손해금 및 독촉절차비
용을 합한 금액의 지급을 받기 위하여 이 사건 지급명령신청에 이른 것입
니다.

소명자료 및 첨부서류

1. 소 갑제1호증   차용증(채무자1 ○○○에 대한)
1. 소 갑제2호증   차용증(채무자2 ◎◎◎에 대한)
1. 송달료납부서
1. 인지납부확인서

○○○○ 년 ○○ 월 ○○ 일

위 채권자 : ○ ○ ○ (인)

전주지방법원 진안군법원 귀중

당사자표시

1.채권자

성 명	○ ○ ○	주민등록번호	생략
주 소	전라북도 진안군 진안읍 ○○로 ○○, ○○○호		
직 업	개인사업	사무실 주 소	생략
전 화	(휴대폰) 010 - 9887 - 0000		
기타사항	이 사건 채권자입니다.		

2.채무자1

성 명	○ ○ ○	주민등록번호	생략
주 소	전라북도 무주군 무주읍 ○○로 ○○, ○○○호		
직 업	상업	사무실 주 소	생략
전 화	(휴대폰) 010 - 1229 - 0000		
기타사항	이 사건 채무자1입니다.		

채무자2

성 명	○ ○ ○	주민등록번호	생략
주 소	전라북도 장수군 장수읍 ○○로 ○○, ○○○호		
직 업	상업	사무실 주 소	생략
전 화	(휴대폰) 010 - 6657 - 0000		
기타사항	이 사건 채무자2입니다.		

3.대여금청구의 독촉사건

신청취지

채권자에게 무무자1 ○○○은 금 10,000,000원 및 이에 대한 ○○○○. ○
○. ○○.부터 채무자2 ◎◎◎은 금 5,000,000원 및 이에 대한 ○○○○. ○
○. ○○.부터 지급명령정본이 송달된 날까지는 **연 5%**의, 그 다음날부터 다
갚는 날까지는 **연 15%**의 각 비율에 의한 금원 및 아래 독촉절차비용을 합한
금액을 지급하라는 지급명령을 구합니다.

- 아 래 -

금   51,600 원   독촉절차비용

- 내 역 -

금   7,200 원   수입인지
금   44,400 원   송달료

신청이유

1. 채권자는 채무자1 ○○○의 간곡한 부탁에 의하여 ○○○○. ○○. ○○.
   금 10,000,000원을 대여하고 이 대여금은 ○○○○. ○○. ○○. 변제하
   기로 하였고, 채무자2 ◎◎◎에게는 ○○○○. ○○. ○○. 금 5,000,000
   원을 대여하고 ○○○○. ○○. ○○. 변제하기로 하여 각 차용증을 교부
   받았으나 현재까지 이를 지급하지 않고 있습니다.

2. 이에 채권자는 채무자1과 채무자2에게 전화 또는 찾아가서 수차례에 걸쳐
   변제할 것을 독촉하였으나 채무자들은 이에 아랑곳 하지 않고 현재에 이르
   기까지 차일피일 지체하면서 변제하지 않고 있습니다.

3. 따라서 채권자는 채무자1 ○○○에게는 금 10,000,000원에 대하여 ○○○

○. ○○. ○○.부터 채무자2 ◎◎◎에게는 **금 5,000,000원**에 대하여 ○○. ○○. ○○.부터 이 사건 지급명령결정정본을 송달 받는 날까지는 **연 5%**의, 각 그 다음날부터 다 갚는 날까지는 소송촉진 등에 관한 특례법에서 정한 **연 15%**의 각 비율에 의한 이자, 지연손해금 및 독촉절차비용을 합한 금액의 지급을 받기 위하여 이 사건 지급명령신청에 이른 것입니다.

- 끝 -

접수방법

1. 관할법원

위 사례에 대한 관할법원은 대여금 청구사건이므로 의무이행지인 채권자의 주소지인 전라북도 진안군도 관할법원이고, 채무자1의 보통재판적 주소지인 전라북도 무주군도 관할법원이고 채무자2의 보통재판적 주소지인 전라북도 장수군도 모두 관할법원이 되기 때문에 채권자는 편리하다고 생각되는 아래의 관할법원을 선택하여 지급명령신청을 하시면 됩니다.

전주지방법원 무주군법원
전라북도 무주군 무주읍 향학로 71(읍내리 352-5)
전화번호 063) 322-0591

전주지방법원 장수군법원
전라북도 장수군 장수읍 싸리재로 13(장수리 454-10)
전화번호 063) 351-4385

전주지방법원 진안군법원
전라북도 진안군 진안읍 우화산로 8(군하리 81-4)
전화번호 063) 433-2810

2. 수입인지 계산

이 사건은 청구금액이 금 15,000,000이므로 15,000,000×0.0045+5,000÷10 = 7,200원입니다.

3. 송달료금 계산

송달료는 1회분이 3,700원입니다. 이 사건은 채권자1인 채무자2인이므로 각 4회분씩 총 12회분의 금 44,400원이 됩니다.

4. 준비서류

1) 지급명령신청서 **1통**, 2) 당사자표시 **3통**, 3) 수입인지 납부서 **1통**,
4) 송달료 납부서 **1통**, 5) 소 갑제1호증 차용증, 소 갑제2호증 차용증 첨부

5. 제출하는 방법

채권자는 지급명령신청서에 소 갑제1호증 차용증, 소 갑제2호증 차용증을 첨부하여 **1통**을 프린트하고 이어서 당사자표시 **3통**을 작성하시고

전주지방법원 진안군원에 접수하실 경우 진안군법원에는 수납은행이 상주하지 않으므로 진안군법원 063) 433-2810으로 전화하여 인지 및 송달료에 대한 수납은행을 확인한 후 이동하셔서 그 수납은행의 창구에 인지(소송등 인지의 현금납부서) **3장**으로 구성된 것을 작성하고 송달료(예납·추납)납부서 **3장**으로 구성된 것을 같이 작성해 내시면 수납창구에서 인지에 대해서는 소송등 인지의 현금영수필확인서와 같은 영수증을 돌려주고 송달료에 대해서는 법원제출용과 영수증을 주면 영수증은 잘 보관하시고 진안군법원으로 가서 지급명령신청 독촉계에 내시면 '차' 자로 된 사건번호를 적어오면 그 다음날 오후부터 대법원 나의 사건 검색창에서 위 사건번호로 사건진행상황을 모두 확인할 수 있습니다.

전주지방법원 무주군법원에 접수하실 경우 무주군법원에는 수납은행이 상주하지 않으므로 먼저 무주군법원 전화번호 063) 322-0591으로 전화하여 인지 및 송달료의 수납은행을 알려달라고 하면 바로 무주군법원 주변에 있는

수납은행을 확인한 후 이동하시면 편리하며 그 수납은행의 창구에 인지(소송 등 인지의 현금납부서) 3장으로 구성된 것을 작성하고 송달료(예납·추납)납부서 3장으로 구성된 것을 같이 작성해 내시면 수납창구에서 인지에 대해서는 소송등 인지의 현금영수필확인서와 같은 영수증을 돌려주고 송달료에 대해서는 법원제출용과 영수증을 주면 영수증은 잘 보관하시고 무주군법원 안에 보시면 지급명령신청 독촉계로 찾아가 내시면 바로 '차' 자로 된 사건번호를 적어오면 그 다음날 오후부터 대법원 나의 사건 검색창에서 위 사건번호로 사건진행상황을 모두 확인할 수 있습니다.

전주지방법원 장수군법원에 접수하실 경우 장수군법원에는 수납은행이 상주하지 않으므로 먼저 무주군법원 전화번호 063) 322-0591으로 전화하여 인지 및 송달료의 수납은행을 알려달라고 하면 바로 장수군법원 주변에 있는 수납은행을 확인한 후 이동하시면 편리하며 그 수납은행의 창구에 인지(소송 등 인지의 현금납부서) 3장으로 구성된 것을 작성하고 송달료(예납·추납)납부서 3장으로 구성된 것을 같이 작성해 내시면 수납창구에서 인지에 대해서는 소송등 인지의 현금영수필확인서와 같은 영수증을 돌려주고 송달료에 대해서는 법원제출용과 영수증을 주면 영수증은 잘 보관하시고 장수군법원 안에 보시면 지급명령신청 독촉계로 찾아가 내시면 바로 '차' 자로 된 사건번호를 적어오면 그 다음날 오후부터 대법원 나의 사건 검색창에서 위 사건번호로 사건진행상황을 모두 확인할 수 있습니다.

또한 직접 법원으로 가실 수 없는 경우에는 위와 같이 지급명령신청서 1통, 당사자표시 3통을 작성하여 수납은행에서 인지와 송달료를 수납하고 가까운 우체국으로 가서 위 해당하는 법원의 독촉사건 담당자 앞으로 보내신 후 3일 후 접수한 법원으로 전화하여 사건번호를 물어보시면 사건번호를 알려줍니다.

지급명령신청서

채 권 자 :　　○　　　○　　　○

채 무 자 :　　○　　　○　　　○

소송물 가액금	금	80,000,000원
첨부할 인지액	금	36,500원
첨부한 인지액	금	36,500원
납부한 송달료	금	29,600원
비　　　　　고		

홍성지원 보령시법원 귀중

지급명령신청서

1.채권자

성 명	○ ○ ○	주민등록번호	생략
주 소	충청남도 보령시 ○○로 ○○길 ○○, ○○○호		
직 업	어업 등	사무실 주 소	생략
전 화	(휴대폰) 010 - 4599 - 0000		
대리인에 의한 신 청	□ 법정대리인 (성명 : , 연락처) □ 소송대리인 (성명 : 변호사, 연락처)		

2.채무자

성 명	○ ○ ○	주민등록번호	생략
주 소	충청남도 예산군 예산읍 ○○로 ○○, ○○○호		
직 업	개인사업	사무실 주 소	생략
전 화	(휴대폰) 010 - 1789 - 0000		
기타사항	이 사건 채무자입니다.		

3.물품대금 청구의 독촉사건

신청취지

채무자는 채권자에게 금 80,000,000원 및 이에 대한 ○○○○. ○○. ○○. 부터 이 사건 지급명령결정정본을 송달받은 그 다음날부터 다 갚는 날까지는 **연 15%**의 비율에 의한 금액 및 아래 독촉절차비용을 합한 금액을 지급하라 는 지급명령을 구합니다.

- 아 래 -

금   66,100 원   독촉절차비용

- 내 역 -

금   36,500 원   수입인지
금   29,600 원   송달료

신청이유

1. 채권자는 주소지에서 해산물을 취급하는 도매상을 운영하고 있고 채무자는 주소지에서 ○○시장 안에서 건어물을 취급하는 상점을 운영하고 있습니다.

2. 채권자는 채무자의 요청에 의하여 채무자에게 ○○○○. ○○. ○○.부터 ○○○○. ○○. ○○.까지 **총 27회**에 걸쳐 별지 첨부한 거래명세서와 같이 채권자가 취급하는 건어물 등을 총 **금 97,000,000원**을 채무자에게 공급하여 판매하였습니다.

3. 그러나 채무자는 채권자에게 건어물인수와 동시 지급하기로 하였음에도 불구하고 총 물품대금 **금 97,000,000원** 중에서 ○○○○. ○○. ○○. **금 7,000,000원**을 ○○○○. ○○. ○○. **금 10,000,000원**을 2회에 걸쳐 **금 17,000,000원**만 지급하고 현재에 이르기까지 **금 80,000,000원**을 차일피일 지체하면서 지급하지 않고 있습니다.

4. 따라서 채권자는 채무자로부터 위 물품대금 **금 80,000,000원** 및 이에 대한 이 사건 지급명령결정정본을 송달받은 그 다음날부터 다 갚는 날까지는 소송촉진 등에 관한 특례법에서 정한 **연 15%**의 비율에 의한 이자, 지연손해금 및 독촉절차비용을 합한 금액의 지급을 받기 위하여 이 사건 지

급명령신청에 이른 것입니다.

소명자료 및 첨부서류

1. 소 갑제1호증   거래명세서
1. 송달료납부서
1. 인지납부확인서

○○○○ 년 ○○ 월 ○○ 일

위 채권자 : ○ ○ ○   (인)

홍성지원 보령시법원 귀중

당사자표시

1.채권자

성　　명	○ ○ ○	주민등록번호	생략
주　　소	충청남도 보령시 ○○로 ○○길 ○○, ○○○호		
직　　업	어업 등	사무실 주　소	생략
전　　화	(휴대폰) 010 - 4599 - 0000		
대리인에 의한 신　　청	□ 법정대리인 (성명 :　　　,　　　　연락처　　　　　　) □ 소송대리인 (성명 : 변호사,　　　연락처　　　　　　)		

2.채무자

성　　명	○ ○ ○	주민등록번호	생략
주　　소	충청남도 예산군 예산읍 ○○로 ○○, ○○○호		
직　　업	개인사업	사무실 주　소	생략
전　　화	(휴대폰) 010 - 1789 - 0000		
기타사항	이 사건 채무자입니다.		

3.물품대금 청구의 독촉사건

신청취지

채무자는 채권자에게 금 80,000,000원 및 이에 대한 ○○○○. ○○. ○○. 부터 이 사건 지급명령결정정본을 송달받은 그 다음날부터 다 갚는 날까지는 **연 15%**의 비율에 의한 금액 및 아래 독촉절차비용을 합한 금액을 지급하라는 지급명령을 구합니다.

- 아 래 -

금   66,100 원   독촉절차비용

- 내   역 -

금   36,500 원   수입인지
금   29,600 원   송달료

신 청 이 유

1. 채권자는 주소지에서 해산물을 취급하는 도매상을 운영하고 있고 채무자는 주소지에서 ○○시장 안에서 건어물을 취급하는 상점을 운영하고 있습니다.

2. 채권자는 채무자의 요청에 의하여 채무자에게 ○○○○. ○○. ○○.부터 ○○○○. ○○. ○○.까지 **총 27회**에 걸쳐 별지 첨부한 거래명세서와 같이 채권자가 취급하는 건어물 등을 총 **금 97,000,000원**을 채무자에게 공급하여 판매하였습니다.

3. 그러나 채무자는 채권자에게 건어물인수와 동시 지급하기로 하였음에도 불구하고 총 물품대금 **금 97,000,000원** 중에서 ○○○○. ○○. ○○. **금 7,000,000원**을 ○○○○. ○○. ○○. **금 10,000,000원**을 2회에 걸쳐 **금 17,000,000원**만 지급하고 현재에 이르기까지 **금 80,000,000원**을 차일피일 지체하면서 지급하지 않고 있습니다.

4. 따라서 채권자는 채무자로부터 위 물품대금 **금 80,000,000원** 및 이에 대한 이 사건 지급명령결정정본을 송달받은 그 다음날부터 다 갚는 날까지는 소송촉진 등에 관한 특례법에서 정한 **연 15%**의 비율에 의한 이자, 지연손해금 및 독촉절차비용을 합한 금액의 지급을 받기 위하여 이 사건 지급명령신청에 이른 것입니다.

- 끝 -

접수방법

1. 관할법원

이 사건 사례는 채권자의 주소지는 충청남도 보령시이고 채무자의 주소지는 충청남도 예산군이므로 채권자는 물품을 공급 또는 판매한 금액을 청구하는 것이므로 의무이행지인 채권자의 주소지 법원인 대전지방법원 홍성지원 보령시법원에 지급명령을 신청할 수 있고, 채무자의 보통재판적 주소지는 대전지방법원 홍성지원 예산군법원도 관할법원이므로, 채권자는 아래와 같이 기재한 편리한 곳의 법원을 선택하여 지급명령신청을 하시면 됩니다.

대전지방법원 홍성지원 보령시법원
충청남도 보령시 중앙로 128(대천동 423-14)
전화번호 041)931-0501

대전지방법원 홍성지원 예산군법원
충청남도 예산군 예산읍 벚꽃로 145(산성리 674-1)
전화번호 041)334-4387

2. 수입인지 계산

이 사건은 청구금액이 금 80,000,000이므로 80,000,000×0.0045+5,000÷10 = 36,500원입니다.

3. 송달료금 계산

송달료는 1회분이 3,700원입니다. 이 사건은 채권자1인 채무자1인이므로 각 4회분씩 총 8회분의 금 29,600원이 됩니다.

4. 준비서류

1) 지급명령신청서 **1통**, 2) 당사자표시 **3통**, 3) 수입인지 납부서 **1통**,
4) 송달료 납부서 **1통**, 5) 소 갑제1호증의 거래명세서를 첨부

5. 제출하는 방법

채권자는 대전지방법원 홍성지원 보령시법원에 지급명령을 신청할 경우 먼저 지급명령신청서에 소 갑제1호증 거래명세서를 첨부하여 **1통**을 작성하고 이어서 당사자표시는 **3통**을 작성해 보령시법원 전화번호 **041) 931-0501**으로 전화하여 인지 및 송달료의 수납은행을 확인하고 이동하시고 대부분 법원주변에 있는 농협은행 창구의 용지함에 보시면 인지(소송등 인지의 현금납부서) **3장**으로 구성된 것을 작성하고 송달료(예납·추납)납부서 **3장**으로 구성된 것을 같이 작성해 수납은행 창구에 내시면 수납창구에서 인지에 대해서는 소송등 인지의 현금영수필확인서와 같은 영수증을 돌려주고 송달료에 대해서는 법원제출용과 영수증을 주면 영수증은 잘 보관하시고 보령시법원 안에 있는 독촉사건(지급명령) 창구에 내시면 '차'자로 된 사건번호를 적어오면 그 다음날 오후부터 대법원 나의 사건 검색창에서 위 사건번호로 사건진행상황을 모두 확인할 수 있습니다.

채권자는 대전지방법원 홍성지원 예산군법원에 지급명령을 신청할 경우 먼저 지급명령신청서에 소 갑제1호증 거래명세서를 첨부하여 **1통**을 작성하고 이어서 당사자표시는 **3통**을 작성해 예산군법원 전화번호 **041) 334-4387**으로 전화하여 인지 및 송달료의 수납은행을 확인하고 이동하시고 수납은행의 용지함에 보시면 인지(소송등 인지의 현금납부서) **3장**으로 구성된 것을 작성하고 송달료(예납·추납)납부서 **3장**으로 구성된 것을 같이 작성해 수납은행 창구에 내시면 수납창구에서 인지에 대해서는 소송등 인지의 현금영수필확인서와 같은 영수증을 돌려주고 송달료에 대해서는 법원제출용과 영수증을 주면 영수증은 잘 보관하시고 예산군법원 안에 있는 독촉사건(지급명령) 창구에 내시면 '차'자로 된 사건번호를 적어오면 그 다음날 오후부터 대법원 나의 사건 검색창에서 위 사건번호로 사건진행상황을 모두 확인할 수 있습니다.

직접 위의 법원을 선택하여 등기우편으로 보내실 경우 위와 같이 지급명령신청서 1통, 당사자표시 3통, 인지납부확인서, 송달료금납부서를 준비하여 가까운 우체국으로 가서 위 주소로 보내신 후 3일 후 접수하신 법원으로 전화하여 지급명령신청에 대한 사건번호를 물어보시면 사건번호를 불러줍니다.

【물품대금청구2】 농산물을 공급하여 판매하였으나 물품대금을 차일피일 지체하면서 지급하지 않고 있어 청구하는 사례

지급명령신청서

채 권 자 :　○　　○　　○

채 무 자 :　○　　○　　○

소송물 가액금	금	12,000,000원
첨부할 인지액	금	5,900원
첨부한 인지액	금	5,900원
납부한 송달료	금	29,600원
비　　　　고		

의정부지방법원 동두천시법원 귀중

지급명령신청서

1.채권자

성 명	○ ○ ○	주민등록번호	생략
주 소	경기도 동두천시 ○○로 ○○, ○○○-○○○호		
직 업	개인사업	사무실 주 소	생략
전 화	(휴대폰) 010 - 9981 - 0000		
대리인에 의한 신 청	□ 법정대리인 (성명 : , 연락처) □ 소송대리인 (성명 : 변호사, 연락처)		

2.채무자

성 명	○ ○ ○	주민등록번호	생략
주 소	경기도 남양주시 ○○로 ○○길 ○○, ○○○호		
직 업	상업	사무실 주 소	생략
전 화	(휴대폰) 010 - 1265 - 0000		
기타사항	이 사건 채무자입니다.		

3.물품대금 청구의 독촉사건

신 청 취 지

채무자는 채권자에게 금 **12,000,000원** 및 이에 대한 지급명령결정정본이 채무자에게 송달된 그 다음날부터 다 갚는 날까지 **연 15%**의 각 비율에 의한 금액 및 아래 독촉절차비용을 합한 금액을 지급하라는 지급명령을 구합니다.

- 아 래 -

금   35,500 원   독촉절차비용

- 내 역 -

금   5,900 원   수입인지
금   29,600 원   송달료

신 청 이 유

1. 채권자는 주소지에서 농산물직판장을 운영하고 있고 채무자는 주소지에서 농산물 소매점을 운영하고 있습니다.

2. 채권자는 채무자의 주문에 의하여 채권자가 취급하는 농산물을 ○○○○. ○○. ○○. 금 12,000,000원에 거래명세표와 같이 판매하였으나, 채무자는 농산물의 인수와 동시에 지급하기로 한 위 물품대금을 차일피일 지체하면서 현재에 이르기까지 지급하지 않고 있습니다.

3. 따라서 채권자는 채무자로부터 위 물품대금 12,000,000원 및 이에 대한 이 사건 지급명령결정정본을 송달받은 그 다음날부터 다 갚는 날까지는 소송촉진 등에 관한 특례법에서 정한 연 15%의 비율에 의한 이자, 지연손해금 및 독촉절차비용을 합한 금액의 지급을 받기 위하여 이 사건 지급명령신청에 이른 것입니다.

소 명 자 료 및 첨 부 서 류

1. 소 갑제1호증   거래명세표
1. 소 갑제2호증   인수증
1. 송달료납부서
1. 인지납부확인서

○○○○ 년 ○○ 월 ○○ 일

위 채권자 : ○ ○ ○ (인)

의정부지방법원 동두천시법원 귀중

당사자표시

1.채권자

성 명	○ ○ ○	주민등록번호	생략
주 소	경기도 동두천시 ○○로 ○○, ○○○-○○○호		
직 업	개인사업	사무실 주 소	생략
전 화	(휴대폰) 010 - 9981 - 0000		
대리인에 의한 신 청	☐ 법정대리인 (성명 : , 연락처) ☐ 소송대리인 (성명 : 변호사, 연락처)		

2.채무자

성 명	○ ○ ○	주민등록번호	생략
주 소	경기도 남양주시 ○○로 ○○길 ○○, ○○○호		
직 업	상업	사무실 주 소	생략
전 화	(휴대폰) 010 - 1265 - 0000		
기타사항	이 사건 채무자입니다.		

3.물품대금 청구의 독촉사건

신청취지

채무자는 채권자에게 금 12,000,000원 및 이에 대한 지급명령결정정본이 채무자에게 송달된 그 다음날부터 다 갚는 날까지 **연 15%**의 각 비율에 의한 금액 및 아래 독촉절차비용을 합한 금액을 지급하라는 지급명령을 구합니다.

- 아   래 -

금   35,500 원   독촉절차비용

- 내   역 -

금   5,900 원   수입인지
금   29,600 원   송달료

신 청 이 유

1. 채권자는 주소지에서 농산물직판장을 운영하고 있고 채무자는 주소지에서 농산물 소매점을 운영하고 있습니다.

2. 채권자는 채무자의 주문에 의하여 채권자가 취급하는 농산물을 ○○○○. ○○. ○○. 금 12,000,000원에 거래명세표와 같이 판매하였으나, 채무자는 농산물의 인수와 동시에 지급하기로 한 위 물품대금을 차일피일 지체하면서 현재에 이르기까지 지급하지 않고 있습니다.

3. 따라서 채권자는 채무자로부터 위 물품대금 12,000,000원 및 이에 대한 이 사건 지급명령결정정본을 송달받은 그 다음날부터 다 갚는 날까지는 소송촉진 등에 관한 특례법에서 정한 연 15%의 비율에 의한 이자, 지연손해금 및 독촉절차비용을 합한 금액의 지급을 받기 위하여 이 사건 지급명령신청에 이른 것입니다.

- 끝 -

접수방법

1. 관할법원

이 사건은 물품대금 청구사건이므로 의무이행지인 채권자의 주소지인 경기도 동두천시도 관할법원이고, 채무자의 보통재판적 주소지인 남양주시도 관할법원이 되기 때문에 채권자는 편리하다고 생각되는 다음의 관할법원을 선택하여 지급명령신청을 하시면 되겠습니다.

> 의정부지방법원 남양주시법원
> 경기도 남양주시 경춘로 34번길 23(가능동)
> 전화번호 031) 553-6097-8

> 의정부지방법원 동두천시법원
> 경기도 동두천시 지행로 97(지행동 284-20)
> 전화번호 031) 862-2411, 864-0214

2. 수입인지 계산

이 사건은 청구금액이 금 12,000,000이므로 12,000,000×0.045+5,000÷10 = 5,900원입니다.

3. 송달료금 계산

송달료는 1회분이 3,700원입니다. 이 사건은 채권자1인 채무자1인이므로 각 4회분씩 총 8회분의 금 29,600원이 됩니다.

4. 준비서류

1) 지급명령신청서 **1통**, 2) 당사자표시 **3통**, 3) 수입인지 납부서 **1통**, 4) 송달료 납부서 **1통**, 5) 소 갑제1호증 거래명세표 6) 소 갑제2호증 인수증 첨부

5. 제출하는 방법

채권자는 지급명령신청서에 소 갑제1호증 거래명세표, 소 갑제2호증 인수증을 첨부하여 **1통**을 프린트하고 이어서 당사자표시 **3통**을 작성하시고

의정부지방법원 남양주시법원에 접수하실 경우 남양주시법원에서는 법원 안에 수납은행이 상주하지 않으므로 먼저 남양주시법원 전화번호 **031) 553-6097-8**로 전화하여 인지와 송달료의 수납은행을 알려달라고 하여 이동하시면 아마 남양주시법원과 가까운 곳으로 수납은행을 안내하면 그 수납은행의 창구에 인지(소송등 인지의 현금납부서) **3장**으로 구성된 것을 작성하고 송달료(예납·추납)납부서 **3장**으로 구성된 것을 같이 작성해 내시면 수납창구에서 인지에 대해서는 소송등 인지의 현금영수필확인서와 같은 영수증을 돌려주고 송달료에 대해서는 법원제출용과 영수증을 주면 영수증은 잘 보관하시고 남양주시법원으로 가서 지급명령신청 독촉계에 내시면 '차'자로 된 사건번호를 적어오면 그 다음날 오후부터 대법원 나의 사건 검색창에서 위 사건번호로 사건진행상황을 모두 확인할 수 있습니다.

의정부지방법원 동두천시법원에 접수하실 경우 동두천시법원도 법원 안에 수납은행이 상주하지 않으므로 먼저 동두천시법원 전화번호 **031) 862-2411, 864-0214**으로 전화하여 인지와 송달료의 수납은행을 알려달라고 하여 이동하시면 아마 동두천시법원과 가까운 곳에 위치하는 수납은행을 안내하면 그 수납은행의 창구에 인지(소송등 인지의 현금납부서) **3장**으로 구성된 것을 작성하고 송달료(예납·추납)납부서 **3장**으로 구성된 것을 같이 작성해 내시면 수

납창구에서 인지에 대해서는 소송등 인지의 현금영수필확인서와 같은 영수증을 돌려주고 송달료에 대해서는 법원제출용과 영수증을 주면 영수증은 잘 보관하시고 남양주시법원으로 가서 지급명령신청 독촉계에 내시면 '차' 자로 된 사건번호를 적어오면 그 다음날 오후부터 대법원 나의 사건 검색창에서 위 사건번호로 사건진행상황을 모두 확인할 수 있습니다.

또한 직접 법원으로 가실 수 없는 경우에는 위와 같이 지급명령신청서 1통, 당사자표시 3통을 작성하여 전국 어디서나 신한은행에 가시면 소송등 인지의 현금납부서와 송달료를 납부할 수가 있고 신한은행이 없는 지역은 농협은행이 대부분 수납은행 업무를 보고 있는 곳이 있으므로 이를 수납하고 가까운 우체국으로 가서 위 해당하는 법원의 독촉사건 담당자 앞으로 보내신 후 3일 후 접수한 법원으로 전화하여 사건번호를 물어보시면 사건번호를 알려줍니다.

지급명령신청서

채 권 자 : ○   ○   ○

채 무 자 : ○   ○   ○

소송물 가액금	금	27,000,000원
첨부할 인지액	금	12,600원
첨부한 인지액	금	12,600원
납부한 송달료	금	29,600원
비 고		

안동지원 영주시법원 귀중

지급명령신청서

1.채권자

성 명	○ ○ ○	주민등록번호	생략
주 소	경상북도 영주시 ○○로 ○○, ○○○-○○○호		
직 업	개인사업	사무실 주 소	생략
전 화	(휴대폰) 010 - 2498 - 0000		
대리인에 의한 신 청	□ 법정대리인 (성명 : , 연락처) □ 소송대리인 (성명 : 변호사, 연락처)		

2.채무자

성 명	○ ○ ○	주민등록번호	생략
주 소	경상북도 안동시 ○○로 ○○길 ○○, ○○○호		
직 업	식당운영	사무실 주 소	생략
전 화	(휴대폰) 010 - 1265 - 0000		
기타사항	이 사건 채무자입니다.		

3.물품대금 청구의 독촉사건

신 청 취 지

채무자는 채권자에게 **금 27,000,000원** 및 이에 대한 지급명령결정정본이 채무자에게 송달된 그 다음날부터 다 갚는 날까지 **연 15%**의 각 비율에 의한 금액 및 아래 독촉절차비용을 합한 금액을 지급하라는 지급명령을 구합니다.

- 아 래 -

금   42,200 원   독촉절차비용

- 내 역 -

금   12,600 원   수입인지
금   29,600 원   송달료

신 청 이 유

1. 채권자는 주소지에서 ○○이라는 상호로 식자재상을 운영하고 있고, 채무
   자는 주소지에서 ○○마을 이라는 상호로 한정식을 운영하고 있습니다.

2. 채권자는 ○○○○. ○○. ○○.부터 채무자의 주문에 의하여 채권자가
   취급하는 식자재를 ○○○○. ○○. ○○.까지 각 인수증과 같이 총 51회
   에 걸쳐 총 39,000,000원의 물품을 공급하여 판매하였습니다.

3. 채무자는 채권자로부터 위 물품을 인수하면 바로 물품대금을 지급하기로
   하였던 것인데 채무자는 총 39,000,000원의 물품을 공급받고도 ○○○○.
   ○○. ○○.에 금 12,000,000원을 지급하고 나머지 금 27,000,000원에 대
   하여 현재에 이르기까지 위 대여금을 지급하지 않고 있습니다.

3. 따라서 채권자는 채무자로부터 위 물품대금 27,000,000원 및 이에 대한
   이 사건 지급명령결정정본을 송달받은 그 다음날부터 다 갚는 날까지 소
   송촉진 등에 관한 특례법에서 정한 연 15%의 비율에 의한 지연손해금 및
   독촉절차비용을 합한 금액의 지급을 받기 위하여 이 사건 신청에 이르렀
   습니다.

소명자료 및 첨부서류

1. 소 갑제1호증   인수증 내역서

1. 송달료납부서

1. 인지납부확인서

○○○○ 년 ○○ 월 ○○ 일

위 채권자 : ○ ○ ○ (인)

안동지원 영주시법원 귀중

당사자표시

1.채권자

성 명	○ ○ ○	주민등록번호	생략
주 소	경상북도 영주시 ○○로 ○○, ○○○-○○○호		
직 업	개인사업	사무실 주 소	생략
전 화	(휴대폰) 010 - 2498 - 0000		
대리인에 의한 신 청	☐ 법정대리인 (성명 : , 연락처) ☐ 소송대리인 (성명 : 변호사, 연락처)		

2.채무자

성 명	○ ○ ○	주민등록번호	생략
주 소	경상북도 안동시 ○○로 ○○길 ○○, ○○○호		
직 업	식당운영	사무실 주 소	생략
전 화	(휴대폰) 010 - 1265 - 0000		
기타사항	이 사건 채무자입니다.		

3.물품대금 청구의 독촉사건

신청취지

채무자는 채권자에게 금 **27,000,000원** 및 이에 대한 지급명령결정정본이 채무자에게 송달된 그 다음날부터 다 갚는 날까지 **연 15%**의 각 비율에 의한 금액 및 아래 독촉절차비용을 합한 금액을 지급하라는 지급명령을 구합니다.

- 아 래 -

금 42,200 원   독촉절차비용

- 내 역 -

금 12,600 원   수입인지
금 29,600 원   송달료

신 청 이 유

1. 채권자는 주소지에서 ○○이라는 상호로 식자재상을 운영하고 있고, 채무
   자는 주소지에서 ○○마을 이라는 상호로 한정식을 운영하고 있습니다.

2. 채권자는 ○○○○. ○○. ○○.부터 채무자의 주문에 의하여 채권자가
   취급하는 식자재를 ○○○○. ○○. ○○.까지 각 인수증과 같이 총 **51회**
   에 걸쳐 총 **39,000,000원**의 물품을 공급하여 판매하였습니다.

3. 채무자는 채권자로부터 위 물품을 인수하면 바로 물품대금을 지급하기로
   하였던 것인데 채무자는 총 **39,000,000원**의 물품을 공급받고도 ○○○○.
   ○○. ○○.에 금 **12,000,000원**을 지급하고 나머지 금 **27,000,000원**에 대
   하여 현재에 이르기까지 위 대여금을 지급하지 않고 있습니다.

3. 따라서 채권자는 채무자로부터 위 물품대금 **27,000,000원** 및 이에 대한
   이 사건 지급명령결정정본을 송달받은 그 다음날부터 다 갚는 날까지 소
   송촉진 등에 관한 특례법에서 정한 **연 15%**의 비율에 의한 지연손해금 및
   독촉절차비용을 합한 금액의 지급을 받기 위하여 이 사건 신청에 이르렀
   습니다.

- 끝 -

접수방법

1. 관할법원

이 사건은 물품대금 청구사건이므로 의무이행지인 채권자의 주소지인 경상북도 영주시도 관할법원이고, 채무자의 보통재판적 주소지인 경상북도 안동시도 관할법원이 되기 때문에 채권자는 편리하다고 생각되는 다음의 관할법원을 선택하여 지급명령신청을 하시면 됩니다.

대구지방법원 안동지원
경상북도 안동시 강남로 304(정하동 235-1)
전화번호 054) 850-5090

대구지방법원 안동지원 영주시법원
경상북도 영주시 영주로 105(가흥동 393-1)
전화번호 054) 634-3885

2. 수입인지 계산

이 사건은 청구금액이 금 27,000,000이므로 27,000,000×0.045+5,000÷10 = 12,650원이 됩니다. 여기서 끝부분 100원 미만(50원)은 버리면 실제 납부할 인지액은 금 12,600원입니다.

3. 송달료금 계산

송달료는 1회분이 3,700원입니다. 이 사건은 채권자1인 채무자1인이므로 각 4회분씩 총 8회분의 금 29,600원이 됩니다.

4. 준비서류

1) 지급명령신청서 **1통**, 2) 당사자표시 **3통**, 3) 수입인지 납부서 **1통**,
4) 송달료 납부서 **1통**, 5) 소 갑제1호증의 인수증 내역서 첨부

5. 제출하는 방법

채권자는 지급명령신청서에 소 갑제1호증 인수증 내역서를 첨부하여 **1통**을
프린트하고 이어서 당사자표시 **3통**을 작성하시고

대구지방법원 안동지원에 접수하실 경우 안동지원 안에 가시면 수납은행이
상주하며 수납은행 창구에 보시면 인지(소송등 인지의 현금납부서) **3장**으로 구
성된 것을 작성하고 송달료(예납·추납)납부서 **3장**으로 구성된 것을 같이 작성
해 수납은행 창구에 내시면 수납창구에서 인지에 대해서는 소송등 인지의 현금
영수필확인서와 같은 영수증을 돌려주고 송달료에 대해서는 법원제출용과 영수
증을 주면 영수증은 잘 보관하시고 법원 안에 종합민원실에서 지급명령신청 독
촉계에 내시면 '차' 자로 된 사건번호를 적어오면 그 다음날 오후부터 대법원
나의 사건 검색창에서 위 사건번호로 사건진행상황을 모두 확인할 수 있습니다.

대구지방법원 안동지원 영주시법원에 접수하실 경우 영주시법원에는 시법원
의 규모로서 수납은행이 상주하지 않으므로 영주시법원 전화번호 **054) 634-3885**
으로 전화하여 인지와 송달료는 어느 곳에서 납부하여야 하는지 확인하고 이동
하신 다음 수납은행의 창구에 보시면 인지(소송등 인지의 현금납부서) **3장**으로
구성된 것을 작성하고 송달료(예납·추납)납부서 **3장**으로 구성된 것을 같이 작
성해 수납은행 창구에 내시면 수납창구에서 인지에 대해서는 소송등 인지의 현
금영수필확인서와 같은 영수증을 돌려주고 송달료에 대해서는 법원제출용과 영
수증을 주면 영수증은 잘 보관하시고 영주시법원으로 가서 지급명령신청 독촉계
에 내시면 '차' 자로 된 사건번호를 적어오면 그 다음날 오후부터 대법원 나의

사건 검색창에서 위 사건번호로 사건진행상황을 모두 확인할 수 있습니다.

    또한 직접 법원으로 가실 수 없는 경우에는 위와 같이 지급명령신청서 1통, 당사자표시 3통을 작성하여 전국 어디서나 신한은행에 가시면 소송등 인지의 현금납부서와 송달료를 납부할 수가 있고 신한은행이 없는 지역은 농협은행이 수납은행 업무를 보고 있는 곳이 있으므로 위와 같이 수납한 다음 가까운 우체국으로 가서 위 해당하는 법원의 독촉사건 담당자 앞으로 보내신 후 3일후 접수한 법원으로 전화하여 사건번호를 물어보시면 사건번호를 불러줍니다.

【물품대금청구4】채권자가 채무자의 주문에 의하여 식자재를 판매공급하였으나 물품대
금의 일부만 지급하고 나머지를 지급하지 않아 청구하는 사례

지급명령신청서

채 권 자 : ○   ○   ○

채 무 자 : ○   ○   ○ 외1

소송물 가액금	금 550,000,000원	
첨부할 인지액	금 225,500원	
첨부한 인지액	금 225,500원	
납부한 송달료	금 44,400원	
비 고		

청주지방법원 독촉계 귀중

지급명령신청서

1. 채권자

성 명	○ ○ ○	주민등록번호	생략
주 소	청주시 ○○구 ○○로 ○○, ○○○-○○○○호		
직 업	개인사업	사무실 주 소	생략
전 화	(휴대폰) 010 - 1266 - 0000		
기타사항	이 사건 채권자입니다.		

2. 채무자1

성 명	○ ○ ○	주민등록번호	생략
주 소	충청북도 영동군 ○○로 ○○, ○○○-○○○호		
직 업	상업	사무실 주 소	생략
전 화	(휴대폰) 010 - 2498 - 0000		
기타사항	이 사건 채무자1입니다.		

채무자2

성 명	○ ○ ○	주민등록번호	생략
주 소	충청북도 보은군 보은읍 ○○로 ○○, ○○○호		
직 업	상업	사무실 주 소	생략
전 화	(휴대폰) 010 - 7765 - 0000		
기타사항	이 사건 채무자2입니다.		

3.물품대금 청구의 독촉사건

신 청 취 지

채무자들은 연대하여 채권자에게 금 550,000,000원 및 이에 대한 지급명령정본이 송달된 그 다음날부터 다 갚는 날까지는 **연 15%**의 각 비율에 의한 금원 및 아래 독촉절차비용을 합한 금액을 지급하라는 지급명령을 구합니다.

- 아 래 -

금   269,900 원   독촉절차비용

- 내 역 -

금   225,500 원   수입인지
금   44,400 원   송달료

신 청 이 유

1. 채권자는 주소지에서 ○○상사라는 상호로 건축자재를 공급 또는 판매하는 개인사업자이고 채무자1은 주소지에서 ○○건축 이라는 상호로 주택을 건축하는 자이고 채무자2는 채권자가 채무자1에게 공급하는 건축자재대금에 대하여 채무자1의 보증인입니다.

2. 채권자는 채무자1에게 채무자2의 보증아래 채권자가 취급하는 건축자재를 ○○○○. ○○. ○○.부터 ○○○○. ○○. ○○.까지 총 **72회**에 걸쳐 별지 거래명세서와 같이 총 금 550,000,000원의 판매하였으나 채무자들은 지급하지 않고 있습니다.

3. 이에 채권자는 채무자1과 채무자2에게 공사현장으로 또는 전화로 수차례에 걸쳐 위 물품대금의 지급을 독촉하였으나 현재에 이르기까지 차일피일

지체하면서 이를 변제하지 않고 있습니다.

4. 따라서 채권자는 채무자들로부터 위 물품대금 550,000,000원 및 이에 대한 이 사건 지급명령결정정본을 송달받은 그 다음날부터 다 갚는 날까지는 소송촉진 등에 관한 특례법에서 정한 **연 15%**의 비율에 의한 이자, 지연손해금 및 독촉절차비용을 합한 금액의 지급을 받기 위하여 이 사건 지급명령신청에 이른 것입니다.

소명자료 및 첨부서류

1. 소 갑제1호증   거래명세서
1. 소 갑제2호증   물품인수증
1. 송달료납부서
1. 인지납부확인서

○○○○ 년 ○○ 월 ○○ 일

위 채권자 : ○ ○ ○   (인)

청주지방법원 독촉계 귀중

당사자표시

1. 채권자

성 명	○ ○ ○	주민등록번호	생략
주 소	청주시 ○○구 ○○로 ○○, ○○○-○○○○호		
직 업	개인사업	사무실 주 소	생략
전 화	(휴대폰) 010 - 1266 - 0000		
기타사항	이 사건 채권자입니다.		

2. 채무자1

성 명	○ ○ ○	주민등록번호	생략
주 소	충청북도 영동군 ○○로 ○○, ○○○-○○○호		
직 업	상업	사무실 주 소	생략
전 화	(휴대폰) 010 - 2498 - 0000		
기타사항	이 사건 채무자1입니다.		

채무자2

성 명	○ ○ ○	주민등록번호	생략
주 소	충청북도 보은군 보은읍 ○○로 ○○, ○○○호		
직 업	상업	사무실 주 소	생략
전 화	(휴대폰) 010 - 7765 - 0000		
기타사항	이 사건 채무자2입니다.		

3.물품대금 청구의 독촉사건

신청취지

　채무자들은 연대하여 채권자에게 금 550,000,000원 및 이에 대한 지급명령 정본이 송달된 그 다음날부터 다 갚는 날까지는 **연 15%**의 각 비율에 의한 금원 및 아래 독촉절차비용을 합한 금액을 지급하라는 지급명령을 구합니다.

- 아　래 -

금　　269,900 원　　　　　독촉절차비용

- 내　역 -

금　　225,500 원　　　　　수입인지
금　　 44,400 원　　　　　송달료

신청이유

1. 채권자는 주소지에서 ○○상사라는 상호로 건축자재를 공급 또는 판매하는 개인사업자이고 채무자1은 주소지에서 ○○건축 이라는 상호로 주택을 건축하는 자이고 채무자2는 채권자가 채무자1에게 공급하는 건축자재대금에 대하여 채무자1의 보증인입니다.

2. 채권자는 채무자1에게 채무자2의 보증아래 채권자가 취급하는 건축자재를 ○○○○. ○○. ○○.부터 ○○○○. ○○. ○○.까지 총 **72회**에 걸쳐 별지 거래명세서와 같이 총 금 550,000,000원의 판매하였으나 채무자들은 지급하지 않고 있습니다.

3. 이에 채권자는 채무자1과 채무자2에게 공사현장으로 또는 전화로 수차례에 걸쳐 위 물품대금의 지급을 독촉하였으나 현재에 이르기까지 차일피일

지체하면서 이를 변제하지 않고 있습니다.

4. 따라서 채권자는 채무자들로부터 위 물품대금 550,000,000원 및 이에 대한 이 사건 지급명령결정정본을 송달받은 그 다음날부터 다 갚는 날까지는 소송촉진 등에 관한 특례법에서 정한 **연 15%**의 비율에 의한 이자, 지연손해금 및 독촉절차비용을 합한 금액의 지급을 받기 위하여 이 사건 지급명령신청에 이른 것입니다.

- 끝 -

접수방법

1. 관할법원

위 사건은 물품대금 청구사건이므로 의무이행지인 채권자의 주소지인 충청북도 청주시도 관할법원이고, 채무자1의 보통재판적 주소지인 충청북도 영동군도 관할법원이고 채무자2의 보통재판적 주소지인 충청북도 보은군도 모두 관할법원이 되기 때문에 채권자는 편리하다고 생각되는 다음의 관할법원을 선택하여 지급명령신청을 하시면 됩니다.

청주지방법원 영동지원
충청북도 영동군 영동읍 영동황간로 99(매천리 306)
전화번호 043) 740-4000

청주지방법원 보은군법원
충청북도 보은군 보은읍 보은로 147(교사리 54-13)
전화번호 043) 543-2520

청주지방법원
충청북도 청주시 서원구 산남로62번길 51(산남동 505)
전화번호 043) 249-7114

2. 수입인지 계산

이 사건은 청구금액이 금 550,000,000이므로 550,000,000×0.0040+55,000÷10 = 225,500원입니다.

3. 송달료금 계산

송달료는 1회분이 3,700원입니다. 이 사건은 채권자1인 채무자2인이므로 각 4회분씩 총 12회분의 금 44,400원이 됩니다.

4. 준비서류

1) 지급명령신청서 **1통**, 2) 당사자표시 **3통**, 3) 수입인지 납부서 **1통**, 4) 송달료 납부서 **1통**, 5) 소 갑제1호증 거래명사서 소 갑제2호증 물품인수증 첨부

5. 제출하는 방법

채권자는 지급명령신청서에 소 갑제1호증 거래명세서, 소 갑제2호증 물품인수증을 첨부하여 **1통**을 프린트하고 이어서 당사자표시 **3통**을 작성하시고

청주지방법원 영동지원에 접수하실 경우 영동지원 안에는 수납은행이 상주하고 있으므로 그 수납은행의 창구에 인지(소송등 인지의 현금납부서) **3장**으로 구성된 것을 작성하고 송달료(예납·추납)납부서 **3장**으로 구성된 것을 같이 작성해 내시면 수납창구에서 인지에 대해서는 소송등 인지의 현금영수필확인서와 같은 영수증을 돌려주고 송달료에 대해서는 법원제출용과 영수증을 주면 영수증은 잘 보관하시고 영동지원 안에 있는 종합민원실로 가서 지급명령신청 독촉계에 내시면 '차'자로 된 사건번호를 적어오면 그 다음날 오후부터 대법원 나의 사건 검색창에서 위 사건번호로 사건진행상황을 모두 확인할 수 있습니다.

청주지방법원 보은군법원에 접수하실 경우 보은군법원에는 수납은행이 상주하지 않으므로 먼저 보은군법원 전화번호 043) 543-2520으로 전화하여 인지 및 송달료의 수납은행을 알려달라고 하면 바로 보은군법원 주변에 있는

수납은행을 확인한 후 이동하시면 편리하며 그 수납은행의 창구에 인지(소송 등 인지의 현금납부서) 3장으로 구성된 것을 작성하고 송달료(예납·추납)납부서 3장으로 구성된 것을 같이 작성해 내시면 수납창구에서 인지에 대해서는 소송등 인지의 현금영수필확인서와 같은 영수증을 돌려주고 송달료에 대해서는 법원제출용과 영수증을 주면 영수증은 잘 보관하시고 보은군법원 안에 보시면 지급명령신청 독촉계로 찾아가 내시면 바로 '차' 자로 된 사건번호를 적어오면 그 다음날 오후부터 대법원 나의 사건 검색창에서 위 사건번호로 사건진행상황을 모두 확인할 수 있습니다.

청주지방법원에 접수하실 경우 청주지방법원 안에는 수납은행이 상주하고 있으므로 그 수납은행의 창구에 인지(소송등 인지의 현금납부서) 3장으로 구성된 것을 작성하고 송달료(예납·추납)납부서 3장으로 구성된 것을 같이 작성해 내시면 수납창구에서 인지에 대해서는 소송등 인지의 현금영수필확인서와 같은 영수증을 돌려주고 송달료에 대해서는 법원제출용과 영수증을 주면 영수증은 잘 보관하시고 청주지방법원 안에 있는 종합민원실로 가서 지급명령신청 독촉계에 내시면 '차' 자로 된 사건번호를 적어오면 그 다음날 오후부터 대법원 나의 사건 검색창에서 위 사건번호로 사건진행상황을 모두 확인할 수 있습니다.

또한 직접 법원으로 가실 수 없는 경우에는 위와 같이 지급명령신청서 1통, 당사자표시 3통을 작성하여 수납은행에서 인지와 송달료를 수납하고 가까운 우체국으로 가서 위 해당하는 법원의 독촉사건 담당자 앞으로 보내신 후 3일 후 접수한 법원으로 전화하여 사건번호를 물어보시면 사건번호를 알려줍니다.

【물품대금청구5】 수산물을 공급하였으나 차일피일 지체하면서 물품대금 250만 원을 지급하지 않고 있어 청구하는 사례

지급명령신청서

채 권 자 : ○ ○ ○

채 무 자 : ○ ○ ○

소송물 가액금	금	2,500,000원
첨부할 인지액	금	1,200원
첨부한 인지액	금	1,200원
납부한 송달료	금	29,600원
비 고		

해남지원 완도군법원 귀중

지급명령신청서

1.채권자

성 명	○ ○ ○	주민등록번호	생략
주 소	전라남도 완도군 완도읍 ○○로 ○○, ○○호		
직 업	어업	사무실 주 소	생략
전 화	(휴대폰) 010 - 8899 - 0000		
대리인에 의한 신 청	□ 법정대리인 (성명 : , 연락처) □ 소송대리인 (성명 : 변호사, 연락처)		

2.채무자

성 명	○ ○ ○	주민등록번호	생략
주 소	전라남도 진도군 진도읍 ○○로 ○길 ○○, ○○○호		
직 업	식당업	사무실 주 소	생략
전 화	(휴대폰) 010 - 2998 - 0000		
기타사항	이 사건 채무자입니다.		

3.물품대금 청구의 독촉사건

신청취지

채무자는 채권자에게 금 2,500,000원 및 이에 대한 이 사건 지급명령결정정
본을 송달된 그 다음날부터 다 갚는 날까지는 연 15%의 각 비율에 의한 금
액 및 아래 독촉절차비용을 합한 금액을 지급하라는 지급명령을 구합니다.

금   30,800 원   독촉절차비용

금   1,200 원   수입인지
금   29,600 원   송달료

신 청 이 유

1. 채권자는 주소지 거주하며 작은 어선을 가지고 고기를 잡아 판매하는 어부이고, 채무자는 주소지에서 ○○식당이라는 상호로 회집을 운영하고 있습니다.

2. 그런데 채권자는 채무자의 요청에 의하여 ○○○○. ○○. ○○.부터 ○○○○. ○○. ○○.까지 총 **7회**에 걸쳐 채권자가 잡은 활어를 총 **2,500,000원**에 판매하여 채무자에게 공급하였습니다.

3. 채무자는 채권자로부터 공급받은 물품대금은 그때그때 대금을 지급하기로 하였으나 채무자는 현재에 이르기까지 위 활어대금을 지급하지 않고 있다가 최근 들어서는 아예 전화까지 받지 않고 있습니다.

4. 따라서 채권자는 채무자로부터 위 물품대금 2,500,000원 및 이 사건 지급명령결정정본이 송달된 그 다음날부터 다 갚는 날까지 소송촉진 등에 관한특례법에서 정한 **연 15%**의 각 비율에 의한 이자, 지연손해금 및 독촉절차비용을 합한 금액의 지급을 받기 위하여 이 사건 지급명령신청에 이른 것입니다.

소명자료 및 첨부서류

1. 소 갑제1호증   인수증(채무자의 서명날인)

1. 송달료납부서

1. 인지납부확인서

○○○○ 년 ○○ 월 ○○ 일

위 채권자 : ○ ○ ○   (인)

해남지원 완도군법원 귀중

당사자표시

1.채권자

성 명	○ ○ ○	주민등록번호	생략
주 소	전라남도 완도군 완도읍 ○○로 ○○, ○○호		
직 업	어업	사무실 주 소	생략
전 화	(휴대폰) 010 - 8899 - 0000		
대리인에 의한 신 청	☐ 법정대리인 (성명 : , 연락처) ☐ 소송대리인 (성명 : 변호사, 연락처)		

2.채무자

성 명	○ ○ ○	주민등록번호	생략
주 소	전라남도 진도군 진도읍 ○○로 ○길 ○○, ○○○호		
직 업	식당업	사무실 주 소	생략
전 화	(휴대폰) 010 - 2998 - 0000		
기타사항	이 사건 채무자입니다.		

3.물품대금 청구의 독촉사건

신청취지

채무자는 채권자에게 금 2,500,000원 및 이에 대한 이 사건 지급명령결정정본을 송달된 그 다음날부터 다 갚는 날까지는 **연 15%**의 각 비율에 의한 금액 및 아래 독촉절차비용을 합한 금액을 지급하라는 지급명령을 구합니다.

- 아 래 -

　금　　30,800 원　　　　독촉절차비용

- 내 역 -

　금　　　1,200 원　　　　수입인지

　금　　29,600 원　　　　송달료

신 청 이 유

1. 채권자는 주소지 거주하며 작은 어선을 가지고 고기를 잡아 판매하는 어부이고, 채무자는 주소지에서 ○○식당이라는 상호로 회집을 운영하고 있습니다.

2. 그런데 채권자는 채무자의 요청에 의하여 ○○○○. ○○. ○○.부터 ○○○○. ○○. ○○.까지 총 **7회**에 걸쳐 채권자가 잡은 활어를 총 **2,500,000원**에 판매하여 채무자에게 공급하였습니다.

3. 채무자는 채권자로부터 공급받은 물품대금은 그때그때 대금을 지급하기로 하였으나 채무자는 현재에 이르기까지 위 활어대금을 지급하지 않고 있다가 최근 들어서는 아예 전화까지 받지 않고 있습니다.

4. 따라서 채권자는 채무자로부터 위 물품대금 2,500,000원 및 이 사건 지급명령결정정본이 송달된 그 다음날부터 다 갚는 날까지 소송촉진 등에 관한특례법에서 정한 **연 15%**의 각 비율에 의한 이자, 지연손해금 및 독촉절차비용을 합한 금액의 지급을 받기 위하여 이 사건 지급명령신청에 이른 것입니다.

- 끝 -

접수방법

1. 관할법원

지급명령신청은 금액 많거나 적거나 절차는 모두 동일합니다. 이 사건은 물품대금 청구사건이므로 의무이행지인 채권자의 주소지인 전라남도 완도군도 관할법원이고, 채무자의 보통재판적 주소지인 진도군도 관할법원이 되기 때문에 채권자는 편리하다고 생각되는 아래의 관할법원을 선택하여 지급명령 신청을 하시면 됩니다.

광주지방법원 해남지원 진도군법원
전라남도 진도군 진도읍 쌍절1길 16(쌍정리 143-3)
전화번호 061) 544-4890

광주지방법원 해남지원 완도군법원
전라남도 완도군 완도읍 중앙길 57(군내리 341번지)
전화번호 061) 554-9809

2. 수입인지 계산

이 사건은 청구금액이 금 2,500,000이므로 2,500,000×0.005÷10 = 1,250 원입니다. 여기서 끝부분 100원 미만(50원)을 버리면 실제 붙여야 할 인지액 은 1,200원입니다.

3. 송달료금 계산

송달료는 1회분이 3,700원입니다. 이 사건은 채권자1인 채무자1인이므로 각 4회분씩 총 8회분의 금 29,600원이 됩니다.

4. 준비서류

1) 지급명령신청서 1통, 2) 당사자표시 3통, 3) 수입인지 납부서 1통, 4) 송달료 납부서 1통, 5) 소 갑제1호증 인수증(채무자의 서명날인)

5. 제출하는 방법

채권자는 지급명령신청서에 소 갑제1호증 인수증(채무자의 서명날인)을 첨부하여 1통을 프린트하고 이어서 당사자표시 3통을 작성하시고

광주지방법원 해남지원 진도군법원에 접수하실 경우 진도군법원에서는 법원 안에 수납은행이 상주하지 않으므로 먼저 진도군법원 전화번호 061) 544-4890으로 전화하여 인지와 송달료의 수납은행을 알려달라고 하여 이동하시면 아마 법원과 가까운 수납은행을 안내하면 그 수납은행의 창구에 인지(소송등 인지의 현금납부서) 3장으로 구성된 것을 작성하고 송달료(예납·추납)납부서 3장으로 구성된 것을 같이 작성해 내시면 수납창구에서 인지에 대해서는 소송등 인지의 현금영수필확인서와 같은 영수증을 돌려주고 송달료에 대해서는 법원제출용과 영수증을 주면 영수증은 잘 보관하시고 진도군법원으로 가서 지급명령신청 독촉계에 내시면 '차' 자로 된 사건번호를 적어오면 그 다음날 오후부터 대법원 나의사건 검색창에서 위 사건번호로 사건진행상황을 모두 확인할 수 있습니다.

광주지방법원 해남지원 완도군법원에 접수하실 경우 완도군법원에서는 법원 안에 수납은행이 상주하지 않으므로 먼저 완도군법원 전화번호 061) 554-9809으로 전화하여 인지와 송달료의 수납은행을 알려달라고 하여 이동하시면 아마 법원과 가까운 수납은행을 안내하면 그 수납은행의 창구에 인지(소송등 인지의 현금납부서) 3장으로 구성된 것을 작성하고 송달료(예납·추납)납부서 3장으로 구성된 것을 같이 작성해 내시면 수납창구에서 인지에 대해서는 소송등 인지의 현

금영수필확인서와 같은 영수증을 돌려주고 송달료에 대해서는 법원제출용과 영수증을 주면 영수증은 잘 보관하시고 완도군법원으로 가서 지급명령신청 독촉계에 내시면 '차'자로 된 사건번호를 적어오면 그 다음날 오후부터 대법원 나의 사건 검색창에서 위 사건번호로 사건진행상황을 모두 확인할 수 있습니다.

또한 직접 법원으로 가실 수 없는 경우에는 위와 같이 지급명령신청서 1통, 당사자표시 3통을 작성하여 농협은행이 대부분 수납은행 업무를 보고 있는 곳이 있으므로 수납하고 가까운 우체국으로 가서 위 해당하는 법원의 독촉사건 담당자 앞으로 보내신 후 3일 후 접수한 법원으로 전화하여 사건번호를 물어보시면 사건번호를 알려줍니다.

지급명령신청서

채 권 자 : ○   ○   ○

채 무 자 : ○   ○   ○

소송물 가액금	금	27,000,000원
첨부할 인지액	금	12,600원
첨부한 인지액	금	12,600원
납부한 송달료	금	29,600원
비 고		

순천지원 여수시법원 귀중

지급명령신청서

1.채권자

성 명	○ ○ ○	주민등록번호	생략
주 소	전라남도 여수시 ○○로 ○○, ○○○-○○○호		
직 업	하청업	사무실 주 소	생략
전 화	(휴대폰) 010 - 5587 - 0000		
대리인에 의한 신 청	☐ 법정대리인 (성명 : , 연락처) ☐ 소송대리인 (성명 : 변호사, 연락처)		

2.채무자

성 명	○ ○ ○	주민등록번호	생략
주 소	전라남도 순천시 ○○로 ○○길 ○○, ○○○호		
직 업	건축업	사무실 주 소	생략
전 화	(휴대폰) 010 - 9980 - 0000		
기타사항	이 사건 채무자입니다.		

3.공사대금 청구의 독촉사건

신청취지

채무자는 채권자에게 금 27,000,000원 및 이에 대한 ○○○○. ○○. ○○. 부터 지급명령결정정본이 채무자에게 송달된 날까지는 **연 5%**의 그 다음날부터 다 갚는 날까지 **연 15%**의 각 비율에 의한 금액 및 아래 독촉절차비용을 합한 금액을 지급하라는 지급명령을 구합니다.

- 아　래 -

금　　42,200 원　　　독촉절차비용

- 내　　역 -

금　　12,600 원　　　수입인지
금　　29,600 원　　　송달료

신 청 이 유

1. 채권자는 주소지에서 조적공사를 주업으로 하는 개인사업자이고 채무자는 주소지에서 건축업을 주업으로 하는 개인사업자입니다.

2. 채무자는 ○○○○. ○○. ○○. 채권자에게 찾아와 전라남도 광양시 ○○로 소재에서 다세대주택을 건축하는데 채권자에게 위 다세대주택공사장에 대한 조적공사를 요청하여 채권자는 채무자가 요청하는 조적공사대금을 금 35,000,000원으로 정하고 완료와 동시 공사대금을 모두 지급하기로 하였습니다.

3. 채권자는 ○○○○. ○○. ○○.부터 ○○○○. ○○. ○○.까지 위 조적공사를 모두 완료하여 채무자에게 인도하였으나 채무자는 ○○○○. ○○. ○○. 총 조적공사비 35,000,000원 중 금 8,000,000원만 지급하고 나머지 금 27,000,000원을 차일피일 지체하면서 현재에 이르기까지 조적공사비를 지급하지 않고 있습니다.

4. 따라서 채권자는 채무자로부터 위 조적공사대금 27,000,000원 및 이에 대한 채권자가 조적공사를 완료하고 채무자에게 인도한 다음날인 ○○○○. ○○. ○○.부터 이 사건 지급명령결정정본을 송달받은 날까지는 연 5%의 그 다음날부터 다 갚는 날까지 소송촉진 등에 관한 특례법에서 정

한 **연 15%**의 비율에 의한 지연손해금 및 독촉절차비용을 합한 금액의 지급을 받기 위하여 이 사건 신청에 이르렀습니다.

소명자료 및 첨부서류

1. 소 갑제1호증   작업의뢰서 및 견적서
1. 송달료납부서
1. 인지납부확인서

○○○○ 년 ○○ 월 ○○ 일

위 채권자 : ○ ○ ○   (인)

광주지방법원 순천지원 귀중

당사자표시

1.채권자

성 명	○ ○ ○	주민등록번호	생략
주 소	전라남도 여수시 ○○로 ○○, ○○○-○○○호		
직 업	하청업	사무실 주 소	생략
전 화	(휴대폰) 010 - 5587 - 0000		
대리인에 의한 신 청	□ 법정대리인 (성명 : , 연락처) □ 소송대리인 (성명 : 변호사, 연락처)		

2.채무자

성 명	○ ○ ○	주민등록번호	생략
주 소	전라남도 순천시 ○○로 ○○길 ○○, ○○○호		
직 업	건축업	사무실 주 소	생략
전 화	(휴대폰) 010 - 9980 - 0000		
기타사항	이 사건 채무자입니다.		

3.공사대금 청구의 독촉사건

신 청 취 지

채무자는 채권자에게 금 27,000,000원 및 이에 대한 ○○○○. ○○. ○○. 부터 지급명령결정정본이 채무자에게 송달된 날까지는 **연 5%**의 그 다음날부터 다 갚는 날까지 **연 15%**의 각 비율에 의한 금액 및 아래 독촉절차비용을 합한 금액을 지급하라는 지급명령을 구합니다.

- 아 래 -

금   42,200 원   독촉절차비용

- 내 역 -

금   12,600 원   수입인지
금   29,600 원   송달료

신 청 이 유

1. 채권자는 주소지에서 조적공사를 주업으로 하는 개인사업자이고 채무자는 주소지에서 건축업을 주업으로 하는 개인사업자입니다.

2. 채무자는 ○○○○. ○○. ○○. 채권자에게 찾아와 전라남도 광양시 ○○로 소재에서 다세대주택을 건축하는데 채권자에게 위 다세대주택공사장에 대한 조적공사를 요청하여 채권자는 채무자가 요청하는 조적공사대금을 금 35,000,000원으로 정하고 완료와 동시 공사대금을 모두 지급하기로 하였습니다.

3. 채권자는 ○○○○. ○○. ○○.부터 ○○○○. ○○. ○○.까지 위 조적공사를 모두 완료하여 채무자에게 인도하였으나 채무자는 ○○○○. ○○. ○○. 총 조적공사비 35,000,000원 중 금 8,000,000원만 지급하고 나머지 금 27,000,000원을 차일피일 지체하면서 현재에 이르기까지 조적공사비를 지급하지 않고 있습니다.

4. 따라서 채권자는 채무자로부터 위 조적공사대금 27,000,000원 및 이에 대한 채권자가 조적공사를 완료하고 채무자에게 인도한 다음날인 ○○○○. ○○. ○○.부터 이 사건 지급명령결정정본을 송달받은 날까지는 **연 5%**의 그 다음날부터 다 갚는 날까지 소송촉진 등에 관한 특례법에서 정

한 **연 15%**의 비율에 의한 지연손해금 및 독촉절차비용을 합한 금액의 지급을 받기 위하여 이 사건 신청에 이르렀습니다.

– 끝 –

접수방법

1. 관할법원

이 사건은 공사대금 청구사건이므로 의무이행지(특정물의 인도는 채권성립 당시에 그 물건이 있던 장소에서 하여야 하지만, 그 밖의 채무변제(공사대금)는 채권자의 현주소지 법원에 지급명령을 신청할 수 있습니다.)인 채권자의 주소지인 전라남도 여수시도 관할법원이고, 채무자의 보통재판적 주소지인 전라남도 순천시도 관할법원이 되기 때문에 채권자는 편리하다고 생각되는 다음의 관할법원을 선택하여 지급명령신청을 하시면 됩니다.

광주지방법원 순천지원
전라남도 순천시 왕지로 21(왕자동)
전화번호 061) 727-5114

광주지방법원 순천지원 여수시법원
전라남도 여수시 망마로 26(학동 97-1)
전화번호 061) 681-1688

2. 수입인지 계산

이 사건은 청구금액이 금 27,000,000이므로 27,000,000×0.045+5,000÷10 = 12,650원이 됩니다. 여기서 끝부분 100원 미만(50원)은 버리면 실제 납부할 인지액은 금 12,600원입니다.

3. 송달료금 계산

송달료는 1회분이 3,700원입니다. 이 사건은 채권자1인 채무자1인이므로 각 4회분씩 총 8회분의 금 29,600원이 됩니다.

4. 준비서류

1) 지급명령신청서 **1통**, 2) 당사자표시 **3통**, 3) 수입인지 납부서 **1통**, 4) 송달료 납부서 **1통**, 5) 소 갑제1호증 작업의뢰서 및 견적서 첨부

5. 제출하는 방법

채권자는 지급명령신청서에 소 갑제1호증 작업의뢰서 및 견적서를 첨부하여 **1통**을 프린트하고 이어서 당사자표시 **3통**을 작성하시고

광주지방법원 순천지원에 접수하실 경우 순천지원 안에 가시면 수납은행이 상주하며 수납은행 창구에 보시면 인지(소송등 인지의 현금납부서) **3장**으로 구성된 것을 작성하고 송달료(예납·추납)납부서 **3장**으로 구성된 것을 같이 작성해 수납은행 창구에 내시면 수납창구에서 인지에 대해서는 소송등 인지의 현금영수필확인서와 같은 영수증을 돌려주고 송달료에 대해서는 법원제출용과 영수증을 주면 영수증은 잘 보관하시고 법원 안에 종합민원실에서 지급명령신청 독촉계에 내시면 '차'자로 된 사건번호를 적어오면 그 다음날 오후부터 대법원 나의 사건 검색창에서 위 사건번호로 사건진행상황을 모두 확인할 수 있습니다.

광주지방법원 순천지원 여수시법원에 접수하실 경우 여수시법원에는 시법원의 규모로서 수납은행이 상주하지 않으므로 여수시법원 전화번호 **061) 681-1688**으로 전화하여 인지와 송달료는 어느 곳에서 납부하여야 하는지 확인하고 이동

하신 다음 수납은행의 창구에 보시면 인지(소송등 인지의 현금납부서) 3장으로 구성된 것을 작성하고 송달료(예납·추납)납부서 3장으로 구성된 것을 같이 작성해 수납은행 창구에 내시면 수납창구에서 인지에 대해서는 소송등 인지의 현금영수필확인서와 같은 영수증을 돌려주고 송달료에 대해서는 법원제출용과 영수증을 주면 영수증은 잘 보관하시고 여수시법원으로 가서 지급명령신청 독촉계에 내시면 '차'자로 된 사건번호를 적어오면 그 다음날 오후부터 대법원 나의 사건 검색창에서 위 사건번호로 사건진행상황을 모두 확인할 수 있습니다.

또한 직접 법원으로 가실 수 없는 경우에는 위와 같이 지급명령신청서 1통, 당사자표시 3통을 작성하여 전국 어디서나 신한은행에 가시면 소송등 인지의 현금납부서와 송달료를 납부할 수가 있고 신한은행이 없는 지역은 농협은행이 수납은행 업무를 보고 있는 곳이 있으므로 위와 같이 수납한 다음 가까운 우체국으로 가서 위 해당하는 법원의 독촉사건 담당자 앞으로 보내신 후 3일 후 접수한 법원으로 전화하여 사건번호를 물어보시면 사건번호를 불러줍니다.

【공사대금청구2】 보수공사를 하고 일부만 지급하고 대출받아 지급하기로 했는데 지급
하지 않아 대출이 실행된 날부터 지연이자를 청구하는 사례

지급명령신청서

채 권 자 :   ○   ○   ○

채 무 자 :   ○   ○   ○

소송물 가액금	금	32,000,000원	
첨부할 인지액	금	14,900원	
첨부한 인지액	금	14,900원	
납부한 송달료	금	29,600원	
비 고			

순천지원 고흥군법원 귀중

지급명령신청서

1.채권자

성 명	○ ○ ○	주민등록번호	생략
주 소	전라남도 고흥군 고흥읍 ○○로 ○○, ○○○호		
직 업	건축업	사무실 주 소	생략
전 화	(휴대폰) 010 - 6799 - 0000		
대리인에 의한 신 청	☐ 법정대리인 (성명 : , 연락처) ☐ 소송대리인 (성명 : 변호사, 연락처)		

2.채무자

성 명	○ ○ ○	주민등록번호	생략
주 소	전라남도 강진군 강진읍 ○○로 ○길 ○○, ○○호		
직 업	상업	사무실 주 소	생략
전 화	(휴대폰) 010 - 6456 - 0000		
기타사항	이 사건 채무자입니다.		

3.공사대금 청구의 독촉사건

신청취지

채무자는 채권자에게 금 32,000,000원 및 이에 대한 ○○○○. ○○. ○○. 부터 지급명령결정정본이 채무자에게 송달된 날까지는 **연 5%**의, 그 다음날 부터 다 갚는 날까지 **연 15%**의 각 비율에 의한 금액 및 아래 독촉절차비용 을 합한 금액을 지급하라는 지급명령을 구합니다.

- 아 래 -

금   44,500 원   독촉절차비용

- 내 역 -

금   14,900 원   수입인지
금   29,600 원   송달료

신 청 이 유

1. 채권자는 주택보수공사를 전문으로 하는 개인사업자이고, 채무자는 주소지에 단독주택을 소유하고 있습니다.

2. 채무자는 채권자에게 자신의 주택에 대하여 옥상방수공사를 비롯하여 주택내부와 욕실 및 화장실에 대한 보수공사를 해달라는 요청에 의하여 ○○○○. ○○. ○○. 채권자는 견적서를 채무자에게 제출하고 채무자와 ○○○○. ○○. ○○. **금 35,000,000원**에 하기로 하는 보수공사계약을 체결하고 채권자는 ○○○○. ○○. ○○.부터 ○○○○. ○○. ○○.까지 보수공사를 완료하고 채무자에게 인도하였습니다.

3. 채무자는 채권자로부터 보수공사현장을 인도받으면서 위 공사대금을 완불하기로 하였음에도 불구하고 **금 3,000,000원**만 지급하고 나머지 **금 32,000,000원**에 대해서는 이 사건 보수주택을 담보로 은행에서 대출받아 바로 지급하겠다고 약속하였으나 이미 대출이 실행되었음에도 현재에 이르기까지 위 공사대금을 지급하지 않고 있습니다.

4. 따라서 채권자는 채무자로부터 위 공사대금 **32,000,000원** 및 이에 대한 대출이 실행된 다음날인 ○○○○. ○○. ○○.부터 이 사건 지급명령결정정본을 송달 받는 날까지는 약정한 이자인 **연 5%**의, 그 다음날부터 다

갚는 날까지는 소송촉진 등에 관한 특례법에서 정한 **연 15%**의 각 비율에 의한 이자, 지연손해금 및 독촉절차비용을 합한 금액의 지급을 받기 위하여 이 사건 지급명령신청에 이른 것입니다.

소명자료 및 첨부서류

1. 소 갑제1호증   공사계약서
1. 소 갑제2호증   확인서(대출 후 즉시 지급)
1. 송달료납부서
1. 인지납부확인서

○○○○ 년 ○○ 월 ○○ 일

위 채권자 : ○ ○ ○   (인)

순천지원 고흥군법원 귀중

당사자표시

1.채권자

성 명	○ ○ ○	주민등록번호	생략
주 소	전라남도 고흥군 고흥읍 ○○로 ○○, ○○○호		
직 업	건축업	사무실 주 소	생략
전 화	(휴대폰) 010 - 6799 - 0000		
대리인에 의한 신 청	□ 법정대리인 (성명 : ,　　　　연락처　　　　　) □ 소송대리인 (성명 : 변호사,　　연락처　　　　　)		

2.채무자

성 명	○ ○ ○	주민등록번호	생략
주 소	전라남도 강진군 강진읍 ○○로 ○길 ○○, ○○호		
직 업	상업	사무실 주 소	생략
전 화	(휴대폰) 010 - 6456 - 0000		
기타사항	이 사건 채무자입니다.		

3.공사대금 청구의 독촉사건

신 청 취 지

채무자는 채권자에게 금 **32,000,000원** 및 이에 대한 ○○○○. ○○. ○○. 부터 지급명령결정정본이 채무자에게 송달된 날까지는 **연 5%**의, 그 다음날 부터 다 갚는 날까지 **연 15%**의 각 비율에 의한 금액 및 아래 독촉절차비용 을 합한 금액을 지급하라는 지급명령을 구합니다.

- 아   래 -

금   44,500 원   독촉절차비용

- 내   역 -

금   14,900 원   수입인지
금   29,600 원   송달료

신 청 이 유

1. 채권자는 주택보수공사를 전문으로 하는 개인사업자이고, 채무자는 주소
   지에 단독주택을 소유하고 있습니다.

2. 채무자는 채권자에게 자신의 주택에 대하여 옥상방수공사를 비롯하여 주
   택내부와 욕실 및 화장실에 대한 보수공사를 해달라는 요청에 의하여 ○
   ○○○. ○○. ○○. 채권자는 견적서를 채무자에게 제출하고 채무자와
   ○○○○. ○○. ○○. 금 35,000,000원에 하기로 하는 보수공사계약을
   체결하고 채권자는 ○○○○. ○○. ○○.부터 ○○○○. ○○. ○○.까
   지 보수공사를 완료하고 채무자에게 인도하였습니다.

3. 채무자는 채권자로부터 보수공사현장을 인도받으면서 위 공사대금을 완불
   하기로 하였음에도 불구하고 금 3,000,000원만 지급하고 나머지 금 32,00
   0,000원에 대해서는 이 사건 보수주택을 담보로 은행에서 대출받아 바로
   지급하겠다고 약속하였으나 이미 대출이 실행되었음에도 현재에 이르기까
   지 위 공사대금을 지급하지 않고 있습니다.

4. 따라서 채권자는 채무자로부터 위 공사대금 32,000,000원 및 이에 대한
   대출이 실행된 다음날인 ○○○○. ○○. ○○.부터 이 사건 지급명령결
   정정본을 송달 받는 날까지는 약정한 이자인 연 5%의, 그 다음날부터 다

갚는 날까지는 소송촉진 등에 관한 특례법에서 정한 **연 15%**의 각 비율에 의한 이자, 지연손해금 및 독촉절차비용을 합한 금액의 지급을 받기 위하여 이 사건 지급명령신청에 이른 것입니다.

- 끝 -

접수방법

1. 관할법원

이 사건은 공사대금 청구사건이므로 의무이행지인 채권자의 주소지인 전라남도 고흥군도 관할법원이고, 채무자의 보통재판적 주소지인 강진군도 관할법원이 되기 때문에 채권자는 편리하다고 생각되는 아래의 관할법원을 선택하여 지급명령신청을 하시면 됩니다.

광주지방법원 장흥지원 강진군법원
전라남도 강진군 강진읍 중앙로 212(동성리 19-4)
전화번호 061) 433-6199

광주지방법원 순천지원 고흥군법원
전라남도 고흥군 고흥읍 터미널길 7
전화번호 061) 833-0180

2. 수입인지 계산

이 사건은 청구금액이 금 32,000,000이므로 32,000,000×0.045+5,000÷10 = 14,900원입니다.

3. 송달료금 계산

송달료는 1회분이 3,700원입니다. 이 사건은 채권자1인 채무자1인이므로 각 4회분씩 총 8회분의 금 29,600원이 됩니다.

4. 준비서류

1) 지급명령신청서 **1통**, 2) 당사자표시 **3통**, 3) 수입인지 납부서 **1통**,
4) 송달료 납부서 **1통**, 5) 소 갑제1호증 공사계약서, 소 갑제2호증 확인
서를 첨부.

5. 제출하는 방법

채권자는 지급명령신청서에 소 갑제1호증 공사계약서, 소 갑제2호증 확인
서를 첨부하여 **1통**을 프린트하고 이어서 당사자표시 **3통**을 작성하시고

광주지방법원 장흥지원 강진군법원에 접수하실 경우 강진군법원에서는 법원
안에 수납은행이 상주하지 않으므로 먼저 강진군법원 전화번호 **061) 433-6199**
으로 전화하여 인지와 송달료의 수납은행을 알려달라고 하여 이동하시면 아마
법원과 가까운 수납은행을 안내하면 그 수납은행의 창구에 인지(소송등 인지의
현금납부서) **3장**으로 구성된 것을 작성하고 송달료(예납ㆍ추납)납부서 **3장**으로
구성된 것을 같이 작성해 내시면 수납창구에서 인지에 대해서는 소송등 인지의
현금영수필확인서와 같은 영수증을 돌려주고 송달료에 대해서는 법원제출용과
영수증을 주면 영수증은 잘 보관하시고 강진군법원으로 가서 지급명령신청 독
촉계에 내시면 '차' 자로 된 사건번호를 적어오면 그 다음날 오후부터 대법원
나의 사건 검색창에서 위 사건번호로 사건진행상황을 모두 확인할 수 있습니
다.

광주지방법원 순천지원 고흥군법원에 접수하실 경우 고흥군법원에서는 법원
안에 수납은행이 상주하지 않으므로 먼저 고흥군법원 전화번호 **061) 833-0180**
으로 전화하여 인지와 송달료의 수납은행을 알려달라고 하여 이동하시면 아마
법원과 가까운 수납은행을 안내하면 그 수납은행의 창구에 인지(소송등 인지의
현금납부서) **3장**으로 구성된 것을 작성하고 송달료(예납ㆍ추납)납부서 **3장**으로

구성된 것을 같이 작성해 내시면 수납창구에서 인지에 대해서는 소송등 인지의 현금영수필확인서와 같은 영수증을 돌려주고 송달료에 대해서는 법원제출용과 영수증을 주면 영수증은 잘 보관하시고 고흥군법원으로 가서 지급명령신청 독촉계에 내시면 '차' 자로 된 사건번호를 적어오면 그 다음날 오후부터 대법원 나의 사건 검색창에서 위 사건번호로 사건진행상황을 모두 확인할 수 있습니다.

또한 직접 법원으로 가실 수 없는 경우에는 위와 같이 지급명령신청서 1통, 당사자표시 3통을 작성하여 수납은행에서 수납하고 가까운 우체국으로 가서 위 해당하는 법원의 독촉사건 담당자 앞으로 보내신 후 3일 후 접수한 법원으로 전화하여 사건번호를 물어보시면 사건번호를 알려줍니다.

지급명령신청서

채 권 자 : ○   ○   ○

채 무 자 : ○   ○   ○ 외1

소송물 가액금	금	127,000,000원
첨부할 인지액	금	56,300원
첨부한 인지액	금	56,300원
납부한 송달료	금	44,400원
비 고		

전주지방법원 정읍지원 귀중

지급명령신청서

1.채권자

성 명	○ ○ ○	주민등록번호	생략
주 소	전라북도 정읍시 ○○로 ○○, ○○○-○○○○호		
직 업	건축업	사무실 주 소	생략
전 화	(휴대폰) 010 - 9800 - 0000		
기타사항	이 사건 채권자입니다.		

2.채무자1

성 명	○ ○ ○	주민등록번호	생략
주 소	전라북도 군산시 ○○로 ○○, ○○○-○○○호		
직 업	상업	사무실 주 소	생략
전 화	(휴대폰) 010 - 2429 - 0000		
기타사항	이 사건 채무자1입니다.		

채무자2

성 명	○ ○ ○	주민등록번호	생략
주 소	전라북도 김제시 ○○로 ○○, ○○○호		
직 업	회사원	사무실 주 소	생략
전 화	(휴대폰) 010 - 2992 - 0000		
기타사항	이 사건 채무자1입니다.		

3.공사대금 청구의 독촉사건

신 청 취 지

채무자들은 연대하여 채권자에게 **금 127,000,000원** 및 이에 대한 ○○○○.
○○. ○○.부터 이 사건 지급명령결정정본을 송달받는 날까지는 **연 5%**의,
그 다음날부터 다 갚는 날까지는 **연 15%**의 각 비율에 의한 금액 및 아래 독
촉절차비용을 합한 금액을 지급하라는 지급명령을 구합니다.

- 아 래 -

금   100,700 원   독촉절차비용

- 내 역 -

금   56,300 원   수입인지
금   44,400 원   송달료

신 청 이 유

1. 채권자는 주소지에서 ○○건축이라는 상호로 건축업을 주업으로 하는 개
   인사업자이고 채권자는 ○○○○. ○○. ○○. 다음과 같이 채무자들과
   공사도급계약을 체결하였습니다.

- 다 음 -

   1) 공사장소 : 전라북도 군산시 ○○로 ○○, ○○○호
   2) 공사제목 : 토목 및 철근콘크리트 공사
   3) 공사기간 : ○○○○. ○○. ○○.부터 ○○○○. ○○. ○○.까지
   4) 공사금액 : **금 153,000,000원**정(부가가치세 별도)
   5) 시 공 자 : 채권자 ○○○
   6) 도 급 인 : 채무자1 ○○○

7) 보 증 인 : 채무자2 ○○○

8) 지급방법 : 공사완료 후 **20일** 안에 모두 지급한다.

2. 그런데 채권자는 이 사건 공사를 모두 완료하여 ○○○○. ○○. ○○.
   채무자1에게 인도하였으나 공사완료 후 **20일**에 이르러 위 총 공사비 **금
   153 ,000,000원**에서 **금 26,000,000원**만 지급하고 나머지 **금 127,000,000
   원**에 대해서 지금까지 차일피일 지체하면서 현재에 이르기까지 지급하지
   않고 있습니다.

3. 따라서 채권자는 채무자들로부터 위 공사대금 **금 127,000,000원** 및 이에 대
   한 공사완료 후 **20일**안에 지급하기로 한 그 다음날인 ○○○○. ○○. ○
   ○.부터 이 사건 지급명령결정정본을 송달받는 날까지는 **연 5%**의, 그 다
   음날부터 다 갚는 날까지는 소송촉진 등에 관한 특례법에서 정한 **연 15%**
   의 각 비율에 의한 이자, 지연손해금 및 독촉절차비용을 합한 금액의 지급
   을 받기 위하여 이 사건 지급명령신청에 이른 것입니다.

소명자료 및 첨부서류

1. 소 갑제1호증   공사도급계약서
1. 송달료납부서
1. 인지납부확인서

○○○○ 년 ○○ 월 ○○ 일

위 채권자 : ○ ○ ○   (인)

전주지방법원 정읍지원 귀중

당사자표시

1.채권자

성 명	○ ○ ○		주민등록번호	생략
주 소	전라북도 정읍시 ○○로 ○○, ○○○-○○○○호			
직 업	건축업	사무실 주 소	생략	
전 화	(휴대폰) 010 - 9800 - 0000			
기타사항	이 사건 채권자입니다.			

2.채무자1

성 명	○ ○ ○		주민등록번호	생략
주 소	전라북도 군산시 ○○로 ○○, ○○○-○○○호			
직 업	상업	사무실 주 소	생략	
전 화	(휴대폰) 010 - 2429 - 0000			
기타사항	이 사건 채무자1입니다.			

채무자2

성 명	○ ○ ○		주민등록번호	생략
주 소	전라북도 김제시 ○○로 ○○, ○○○호			
직 업	회사원	사무실 주 소	생략	
전 화	(휴대폰) 010 - 2992 - 0000			
기타사항	이 사건 채무자1입니다.			

3.공사대금 청구의 독촉사건

신청취지

채무자들은 연대하여 채권자에게 **금 127,000,000원** 및 이에 대한 ○○○○. ○○. ○○.부터 이 사건 지급명령결정정본을 송달받는 날까지는 **연 5%**의, 그 다음날부터 다 갚는 날까지는 **연 15%**의 각 비율에 의한 금액 및 아래 독촉절차비용을 합한 금액을 지급하라는 지급명령을 구합니다.

- 아 래 -

| 금 | 100,700 원 | 독촉절차비용 |

- 내 역 -

| 금 | 56,300 원 | 수입인지 |
| 금 | 44,400 원 | 송달료 |

신청이유

1. 채권자는 주소지에서 ○○건축이라는 상호로 건축업을 주업으로 하는 개인사업자이고 채권자는 ○○○○. ○○. ○○. 다음과 같이 채무자들과 공사도급계약을 체결하였습니다.

- 다 음 -

1) 공사장소 : 전라북도 군산시 ○○로 ○○, ○○○호
2) 공사제목 : 토목 및 철근콘크리트 공사
3) 공사기간 : ○○○○. ○○. ○○.부터 ○○○○. ○○. ○○.까지
4) 공사금액 : **금 153,000,000원**정(부가가치세 별도)
5) 시 공 자 : 채권자 ○○○
6) 도 급 인 : 채무자1 ○○○
7) 보 증 인 : 채무자2 ○○○

8) 지급방법 : 공사완료 후 **20일** 안에 모두 지급한다.

2. 그런데 채권자는 이 사건 공사를 모두 완료하여 ○○○○. ○○. ○○. 채무자1에게 인도하였으나 공사완료 후 **20일**에 이르러 위 총 공사비 **금 153,000,000원**에서 **금 26,000,000원**만 지급하고 나머지 **금 127,000,000원**에 대해서 지금까지 차일피일 지체하면서 현재에 이르기까지 지급하지 않고 있습니다.

3. 따라서 채권자는 채무자들로부터 위 공사대금 **금 127,000,000원** 및 이에 대한 공사완료 후 **20일**안에 지급하기로 한 그 다음날인 ○○○○. ○○. ○○.부터 이 사건 지급명령결정정본을 송달받는 날까지는 **연 5%**의, 그 다음날부터 다 갚는 날까지는 소송촉진 등에 관한 특례법에서 정한 **연 15%**의 각 비율에 의한 이자, 지연손해금 및 독촉절차비용을 합한 금액의 지급을 받기 위하여 이 사건 지급명령신청에 이른 것입니다.

- 끝 -

접수방법

1. 관할법원

위 사례에 대한 관할법원은 공사대금 청구사건이므로 의무이행지인 채권자의 주소지인 전라북도 정읍시도 관할법원이고, 채무자1의 보통재판적 주소지인 전라북도 군산시도 관할법원이고 채무자2의 보통재판적 주소지인 전라북도 김제시도 모두 관할법원이 되기 때문에 채권자는 편리하다고 생각되는 아래의 관할법원을 선택하여 지급명령신청을 하시면 됩니다.

전주지방법원 군산지원
전라북도 군산시 법원로 68(조촌동 전주지방법원 군산지원)
전화번호 063) 450-5080

전주지방법원 김제시법원
전라북도 김제시 중앙로 239(신풍동 190-1)
전화번호 063) 547-2806

전주지방법원 정읍지원
전라북도 정읍시 수성6로 29(수성동 정읍지원)
전화번호 063) 570-1180, 1184

2. 수입인지 계산

이 사건은 청구금액이 금 127,000,000이므로 127,000,000×0.0040+55,000÷10 = 56,300원입니다.

3. 송달료금 계산

송달료는 1회분이 3,700원입니다. 이 사건은 채권자1인 채무자2인이므로 각 4회분씩 총 12회분의 금 44,400원이 됩니다.

4. 준비서류

1) 지급명령신청서 **1통**, 2) 당사자표시 **3통**, 3) 수입인지 납부서 **1통**,
4) 송달료 납부서 **1통**, 5) 소 갑제1호증 공사도급계약서 첨부,

5. 제출하는 방법

채권자는 지급명령신청서에 소 갑제1호증 공사도급계약서 **1통**을 첨부하여 1통을 프린트하고 이어서 당사자표시 **3통**을 작성하시고

전주지방법원 군산지원에 접수하실 경우 군산지원 안에 수납은행이 상주하고 있으므로 그 수납은행의 창구에 인지(소송등 인지의 현금납부서) **3장**으로 구성된 것을 작성하고 송달료(예납·추납)납부서 **3장**으로 구성된 것을 같이 작성해 내시면 수납창구에서 인지에 대해서는 소송등 인지의 현금영수필확인서와 같은 영수증을 돌려주고 송달료에 대해서는 법원제출용과 영수증을 주면 영수증은 잘 보관하시고 군산지원 안에 있는 종합민원실로 가서 지급명령신청 독촉계에 내시면 '차'자로 된 사건번호를 적어오면 그 다음날 오후부터 대법원 나의 사건 검색창에서 위 사건번호로 사건진행상황을 모두 확인할 수 있습니다.

전주지방법원 김제시법원에 접수하실 경우 김제시법원에는 수납은행이 상주하지 않으므로 먼저 김제시법원 전화번호 063) 547-2806으로 전화하여 인지 및 송달료의 수납은행을 알려달라고 하면 바로 김제시법원 주변에 있는 수납은

행을 확인한 후 이동하시면 편리하며 그 수납은행의 창구에 인지(소송등 인지의 현금납부서) 3장으로 구성된 것을 작성하고 송달료(예납·추납)납부서 3장으로 구성된 것을 같이 작성해 내시면 수납창구에서 인지에 대해서는 소송등 인지의 현금영수필확인서와 같은 영수증을 돌려주고 송달료에 대해서는 법원제출용과 영수증을 주면 영수증은 잘 보관하시고 김제시법원 안에 보시면 지급명령신청 독촉계로 찾아가 내시면 바로 '차' 자로 된 사건번호를 적어오면 그 다음날 오후부터 대법원 나의 사건 검색창에서 위 사건번호로 사건진행상황을 모두 확인할 수 있습니다.

전주지방법원 정읍지원에 접수하실 경우 정읍지원 안에 수납은행이 상주하고 있으므로 그 수납은행의 창구에 인지(소송등 인지의 현금납부서) 3장으로 구성된 것을 작성하고 송달료(예납·추납)납부서 3장으로 구성된 것을 같이 작성해 내시면 수납창구에서 인지에 대해서는 소송등 인지의 현금영수필확인서와 같은 영수증을 돌려주고 송달료에 대해서는 법원제출용과 영수증을 주면 영수증은 잘 보관하시고 정읍지원 안에 있는 종합민원실로 가서 지급명령신청 독촉계에 내시면 '차' 자로 된 사건번호를 적어오면 그 다음날 오후부터 대법원 나의 사건 검색창에서 위 사건번호로 사건진행상황을 모두 확인할 수 있습니다.

또한 직접 법원으로 가실 수 없는 경우에는 위와 같이 지급명령신청서 1통, 당사자표시 3통을 작성하여 수납은행에서 인지와 송달료를 수납하고 가까운 우체국으로 가서 위 해당하는 법원의 독촉사건 담당자 앞으로 보내신 후 3일 후 접수한 법원으로 전화하여 사건번호를 물어보시면 사건번호를 알려줍니다.

지급명령신청서

채 권 자 : ○○인테리어 주식회사

채 무 자 : ○   ○   ○

소송물 가액금	금	21,000,000원
첨부할 인지액	금	9,900원
첨부한 인지액	금	9,900원
납부한 송달료	금	29,600원
비 고		

충주지원 음성군원 귀중

지급명령신청서

1.채권자

성 명	○○인테리어 주식회사(법인등록번호)
주 소	충청북도 음성군 ○○면 ○○로길 ○○, ○○○호
대 표 자	대표이사 ○ ○ ○
전 화	(휴대폰) 010 - 2988 - 0000
대리인에 의한 신 청	□ 법정대리인 (성명 : , 연락처) □ 소송대리인 (성명 : 변호사, 연락처)

2.채무자

성 명	○ ○ ○	주민등록번호	생략
주 소	충청북도 괴산군 괴산읍 읍내로 ○○, ○○○호		
직 업	상업	사무실 주 소	생략
전 화	(휴대폰) 010 - 4333 - 0000		
기타사항	이 사건 채무자입니다.		

3.공사대금 청구의 독촉사건

신청취지

채무자는 채권자에게 금 **21,000,000원** 및 이에 대한 ○○○○. ○○. ○○. 부터 이 사건 지급명령결정정본을 송달받는 날까지는 **연 5%**의, 그 다음날부터 다 갚는 날까지는 **연 15%**의 각 비율에 의한 금액 및 아래 독촉절차비용을 합한 금액을 지급하라는 지급명령을 구합니다.

금   39,500 원   독촉절차비용

- 내 역 -

금   9,900 원   수입인지
금   29,600 원   송달료

신 청 이 유

1. 채권자는 주소지에서 ○○인테리어 주식회사라는 상호로. 인테리어공사를 주업으로 하는 법인이며, 채무자는 주소지에서 ○○뷰티라는 상호로 일명 미장원을 개업하여 운영하고 있습니다.

2. 채권자는 ○○○○. ○○. ○○. 채무자의 요청에 의하여 채무자가 개업할 미장원의 내부 및 외부에 대한 인테리어공사를 총 25,000,000원에 하기로 하고 채권자는 ○○○○.○○.○○.부터 ○○○○. ○○. ○○.까지 인테리어공사를 모두 완료하여 채무자에게 인도하였으나 채무자는 금 4,000,000원만 지급하고 현재에 이르기까지 차일피일 지체하면서 지급하지 않고 있습니다.

3. 따라서 채권자는 채무자로부터 위 공사대금 21,000,000원 및 이에 대한 인테리어공사를 완료하고 채무자에게 인도한 다음날인 ○○○○. ○○. ○○.부터 이 사건 지급명령결정정본을 송달받는 날까지는 연 5%의, 그 다음날부터 다 갚는 날까지는 소송촉진 등에 관한 특례법에서 정한 연 15%의 각 비율에 의한 이자, 지연손해금 및 독촉절차비용을 합한 금액의 지급을 받기 위하여 이 사건 지급명령신청에 이른 것입니다.

소명자료 및 첨부서류

1. 소 갑제1호증   공사계약서
1. 송달료납부서
1. 인지납부확인서

○○○○ 년 ○○ 월 ○○ 일

위 채권자 : ○ ○ ○ (인)

충주지원 음성군원 귀중

당사자표시

1.채권자

성 명	○○인테리어 주식회사(법인등록번호)
주 소	충청북도 음성군 ○○면 ○○로길 ○○, ○○○호
대 표 자	대표이사 ○ ○ ○
전 화	(휴대폰) 010 - 2988 - 0000
대리인에 의한 신 청	☐ 법정대리인 (성명 : , 연락처) ☐ 소송대리인 (성명 : 변호사, 연락처)

2.채무자

성 명	○ ○ ○	주민등록번호	생략
주 소	충청북도 괴산군 괴산읍 읍내로 ○○, ○○○호		
직 업	상업	사무실 주 소	생략
전 화	(휴대폰) 010 - 4333 - 0000		
기타사항	이 사건 채무자입니다.		

3.공사대금 청구의 독촉사건

신청취지

채무자는 채권자에게 금 **21,000,000원** 및 이에 대한 ○○○○. ○○. ○○. 부터 이 사건 지급명령결정정본을 송달받는 날까지는 **연 5%**의, 그 다음날부터 다 갚는 날까지는 **연 15%**의 각 비율에 의한 금액 및 아래 독촉절차비용을 합한 금액을 지급하라는 지급명령을 구합니다.

- 아 래 -

금   39,500 원   독촉절차비용

- 내 역 -

금   9,900 원   수입인지
금   29,600 원   송달료

신청이유

1. 채권자는 주소지에서 ○○인테리어 주식회사라는 상호로. 인테리어공사를 주업으로 하는 법인이며, 채무자는 주소지에서 ○○뷰티라는 상호로 일명 미장원을 개업하여 운영하고 있습니다.

2. 채권자는 ○○○○. ○○. ○○. 채무자의 요청에 의하여 채무자가 개업할 미장원의 내부 및 외부에 대한 인테리어공사를 총 25,000,000원에 하기로 하고 채권자는 ○○○○.○○.○○.부터 ○○○○. ○○. ○○.까지 인테리어공사를 모두 완료하여 채무자에게 인도하였으나 채무자는 **금 4,000,000원**만 지급하고 현재에 이르기까지 차일피일 지체하면서 지급하지 않고 있습니다.

3. 따라서 채권자는 채무자로부터 위 공사대금 **21,000,000원** 및 이에 대한 인테리어공사를 완료하고 채무자에게 인도한 다음날인 ○○○○. ○○. ○○.부터 이 사건 지급명령결정정본을 송달받는 날까지는 **연 5%**의, 그 다음날부터 다 갚는 날까지는 소송촉진 등에 관한 특례법에서 정한 연 1 5%의 각 비율에 의한 이자, 지연손해금 및 독촉절차비용을 합한 금액의 지급을 받기 위하여 이 사건 지급명령신청에 이른 것입니다.

- 끝 -

접수방법

1. 관할법원

위 사례에 대한 사건은 공사대금 청구이므로 의무이행지인 채권자의 주소지인 충청북도 음성군도 관할법원이고, 채무자의 보통재판적 주소지인 충청북도 괴산군도 관할법원이 되기 때문에 채권자는 편리하다고 생각되는 다음의 법원을 선택하여 지급명령신청을 하시면 됩니다.

청주지방법원 충주지원 괴산군법원
충청북도 괴산군 괴산읍 읍내로 5길 20(동부리 673-3)
전화번호 043) 834-9922

청주지방법원 충주지원 음성군법원
충청북도 음성군 음성읍 용광로 55(읍내리 725-2)
전화번호 043) 841-0881

2. 수입인지 계산

이 사건은 청구금액이 금 21,000,000이므로 21,000,000×0.0045+5,000÷10 = 9,950원입니다. 여기서 끝부분 100원 미만을 버리면 실제 붙여야 할 인지액은 9,900원입니다.

3. 송달료금 계산

송달료는 1회분이 3,700원입니다. 이 사건은 채권자1인 채무자1인이므로 각 4회분씩 총 8회분의 금 29,600원이 됩니다.

4. 준비서류

1) 지급명령신청서 **1통**, 2) 당사자표시 **3통**, 3) 수입인지 납부서 **1통**, 4) 송달료 납부서 **1통**, 5) 소 갑제1호증 공사계약서 6) 채권자가 법인이므로 법인등기부등본 **1통** 첨부

5. 제출하는 방법

채권자는 지급명령신청서에 소 갑제1호증 공사계약서 **1통**과 채권자의 법인등기부등본 **1통**을 첨부하여 **1통**을 프린트하고 이어서 당사자표시 **3통**을 작성하시고

청주지방법원 충주지원 괴산군법원에 접수하실 경우 괴산군법원에서는 법원 안에 수납은행이 상주하지 않으므로 먼저 괴산군법원 전화번호 **043) 834-9922**으로 전화하여 인지와 송달료의 수납은행을 알려달라고 하여 이동하시면 아마 법원과 가까운 수납은행을 안내하면 그 수납은행의 창구에 인지(소송등 인지의 현금납부서) **3장**으로 구성된 것을 작성하고 송달료(예납 · 추납)납부서 **3장**으로 구성된 것을 같이 작성해 내시면 수납창구에서 인지에 대해서는 소송등 인지의 현금영수필확인서와 같은 영수증을 돌려주고 송달료에 대해서는 법원제출용과 영수증을 주면 영수증은 잘 보관하시고 괴산군법원으로 가서 지급명령신청 독촉계에 내시면 '차' 자로 된 사건번호를 적어오면 그 다음날 오후부터 대법원 나의 사건 검색창에서 위 사건번호로 사건진행상황을 모두 확인할 수 있습니다.

청주지방법원 충주지원 음성군법원에 접수하실 경우 음성군법원에도 법원 안에 수납은행이 상주하지 않으므로 먼저 음성군법원 전화번호 **043) 841-0881**으로 전화하여 인지와 송달료의 수납은행을 알려달라고 하여 이동하시면 아마 법원과 가까운 수납은행을 안내하면 그 수납은행의 창구에 인지(소송등 인지의 현금납부서) **3장**으로 구성된 것을 작성하고 송달료(예납 · 추납)납부서 **3장**으로 구성된 것을 같이 작성해 내시면 수납창구에서 인지에 대해서는 소송등 인지의 현

금영수필확인서와 같은 영수증을 돌려주고 송달료에 대해서는 법원제출용과 영수증을 주면 영수증은 잘 보관하시고 음성군법원으로 가서 지급명령신청 독촉계에 내시면 '차'자로 된 사건번호를 적어오면 그 다음날 오후부터 대법원 나의 사건 검색창에서 위 사건번호로 사건진행상황을 모두 확인할 수 있습니다.

또한 직접 법원으로 가실 수 없는 경우에는 위와 같이 지급명령신청서 1통, 당사자표시 3통을 작성하여 농협은행이 대부분 수납은행의 업무를 보고 있는 곳이 있으므로 위의 방법과 같이 수납하고 가까운 우체국으로 가서 위 해당하는 법원의 독촉사건 담당자 앞으로 보내신 후 3일 후 접수한 법원으로 전화하여 사건번호를 물어보시면 사건번호를 알려줍니다.

지급명령신청서

채 권 자 :   ○   ○   ○

채 무 자 :   ○   ○   ○

소송물 가액금	금	12,000,000원
첨부할 인지액	금	5,900원
첨부한 인지액	금	5,900원
납부한 송달료	금	29,600원
비 고		

의정부지방법원 동두천시법원 귀중

지급명령신청서

1.채권자

성 명	○ ○ ○	주민등록번호	생략
주 소	경기도 동두천시 ○○로 ○○, ○○○-○○○호		
직 업	개인사업	사무실 주 소	생략
전 화	(휴대폰) 010 - 9981 - 0000		
대리인에 의한 신 청	☐ 법정대리인 (성명 : , 연락처) ☐ 소송대리인 (성명 : 변호사, 연락처)		

2.채무자

성 명	○ ○ ○	주민등록번호	생략
주 소	경기도 남양주시 ○○로 ○○길 ○○, ○○○호		
직 업	상업	사무실 주 소	생략
전 화	(휴대폰) 010 - 1265 - 0000		
기타사항	이 사건 채무자입니다.		

3.공사대금 청구의 독촉사건

신청취지

채무자는 채권자에게 금 **12,000,000원** 및 이에 대한 ○○○○. ○○. ○○. 부터 지급명령결정정본이 채무자에게 송달된 날까지는 **연 5%**의, 그 다음날 부터 다 갚는 날까지 **연 15%**의 각 비율에 의한 금액 및 아래 독촉절차비용 을 합한 금액을 지급하라는 지급명령을 구합니다.

- 아 래 -

금   35,500 원   독촉절차비용

- 내 역 -

금   5,900 원   수입인지
금   29,600 원   송달료

신청이유

1. 채권자는 주소지에서 ○○천막 아라는 상호로 비닐하우스 등의 공사를 주
   업으로 하는 개인사업자이고, 채무자는 주소지에서 비닐하우스에서 채소
   등을 재배하는 자입니다.

2. 채무자는 ○○○○. ○○. ○○. 자신이 채소 등을 재배하려는 비닐하우
   스 1동을 의뢰하여 채권자와 채무자 사이에 금 **20,000,000원**에 비닐하우
   스를 축조하기로 하는 공사계약을 체결하였습니다.

3. 이에 채권자는 ○○○○. ○○. ○○. 비닐하우스 **1동**을 완료하여 채무자
   에게 이를 인도하였으나 채무자는 위 공사대금 20,000,000원 중에서 **금
   8,000,000원**만 지급하고 지금까지 차일피일 지체하면서 **금 12,000,000원**
   을 지급하지 않고 있습니다.

4. 따라서 채권자는 채무자로부터 위 공사대금 **12,000,000원** 및 이에 대한
   비닐하우스를 채무자에게 인도한 다음날인 ○○○○. ○○. ○○.부터 이
   사건 지급명령결정정본을 송달받은 날까지는 **연 5%**의, 그 다음날부터 다
   갚는 날까지는 소송촉진 등에 관한 특례법에서 정한 **연 15%**의 비율에 의
   한 이자, 지연손해금 및 독촉절차비용을 합한 금액의 지급을 받기 위하여
   이 사건 지급명령신청에 이른 것입니다.

소명자료 및 첨부서류

1. 소 갑제1호증   공사계약서
1. 소 갑제2호증   지불각서
1. 송달료납부서
1. 인지납부확인서

○○○○ 년 ○○ 월 ○○ 일

위 채권자 : ○ ○ ○   (인)

의정부지방법원 동두천시법원 귀중

당사자표시

1.채권자

성 명	○ ○ ○	주민등록번호	생략
주 소	경기도 동두천시 ○○로 ○○, ○○○-○○○호		
직 업	개인사업	사무실 주 소	생략
전 화	(휴대폰) 010 - 9981 - 0000		
대리인에 의한 신 청	□ 법정대리인 (성명 : , 연락처) □ 소송대리인 (성명 : 변호사, 연락처)		

2.채무자

성 명	○ ○ ○	주민등록번호	생략
주 소	경기도 남양주시 ○○로 ○○길 ○○, ○○○호		
직 업	상업	사무실 주 소	생략
전 화	(휴대폰) 010 - 1265 - 0000		
기타사항	이 사건 채무자입니다.		

3.공사대금 청구의 독촉사건

신청취지

채무자는 채권자에게 금 12,000,000원 및 이에 대한 ○○○○. ○○. ○○.
부터 지급명령결정정본이 채무자에게 송달된 날까지는 **연 5%**의, 그 다음날
부터 다 갚는 날까지 **연 15%**의 각 비율에 의한 금액 및 아래 독촉절차비용
을 합한 금액을 지급하라는 지급명령을 구합니다.

- 아 래 -

금   35,500 원   독촉절차비용

- 내 역 -

금   5,900 원   수입인지
금   29,600 원   송달료

신 청 이 유

1. 채권자는 주소지에서 ○○천막 아라는 상호로 비닐하우스 등의 공사를 주
   업으로 하는 개인사업자이고, 채무자는 주소지에서 비닐하우스에서 채소
   등을 재배하는 자입니다.

2. 채무자는 ○○○○. ○○. ○○. 자신이 채소 등을 재배하려는 비닐하우
   스 1동을 의뢰하여 채권자와 채무자 사이에 **금 20,000,000원**에 비닐하우
   스를 축조하기로 하는 공사계약을 체결하였습니다.

3. 이에 채권자는 ○○○○. ○○. ○○. 비닐하우스 1동을 완료하여 채무자
   에게 이를 인도하였으나 채무자는 위 공사대금 **20,000,000원** 중에서 **금
   8,000,000원**만 지급하고 지금까지 차일피일 지체하면서 **금 12,000,000원**
   을 지급하지 않고 있습니다.

4. 따라서 채권자는 채무자로부터 위 공사대금 **12,000,000원** 및 이에 대한
   비닐하우스를 채무자에게 인도한 다음날인 ○○○○. ○○. ○○.부터 이
   사건 지급명령결정정본을 송달받은 날까지는 **연 5%**의, 그 다음날부터 다
   갚는 날까지는 소송촉진 등에 관한 특례법에서 정한 **연 15%**의 비율에 의
   한 이자, 지연손해금 및 독촉절차비용을 합한 금액의 지급을 받기 위하여
   이 사건 지급명령신청에 이른 것입니다.

- 끝 -

접수방법

1. 관할법원

이 사건은 공사대금 청구사건이므로 의무이행지인 채권자의 주소지인 경기도 동두천시도 관할법원이고, 채무자의 보통재판적 주소지인 남양주시도 관할법원이 되기 때문에 채권자는 편리하다고 생각되는 다음의 관할법원을 선택하여 지급명령신청을 하시면 되겠습니다.

의정부지방법원 남양주시법원
경기도 남양주시 경춘로 34번길 23(가능동)
전화번호 031) 553-6097-8

의정부지방법원 동두천시법원
경기도 동두천시 지행로 97(지행동 284-20)
전화번호 031) 862-2411, 864-0214

2. 수입인지 계산

이 사건은 청구금액이 금 12,000,000이므로 12,000,000×0.045+5,000÷10 = 5,900원입니다.

3. 송달료금 계산

송달료는 1회분이 3,700원입니다. 이 사건은 채권자1인 채무자1인이므로 각 4회분씩 총 8회분의 금 29,600원이 됩니다.

4. 준비서류

1) 지급명령신청서 1통, 2) 당사자표시 3통, 3) 수입인지 납부서 1통, 4) 송달료 납부서 1통, 5) 소 갑제1호증 공사계약서 6) 소 갑제2호증 지불각서 첨부

5. 제출하는 방법

채권자는 지급명령신청서에 소 갑제1호증 공사계약서, 소 갑제2호증 지불각서를 첨부하여 1통을 프린트하고 이어서 당사자표시 3통을 작성하시고

의정부지방법원 남양주시법원에 접수하실 경우 남양주시법원에서는 법원 안에 수납은행이 상주하지 않으므로 먼저 남양주시법원 전화번호 031) 553-6097-8로 전화하여 인지와 송달료의 수납은행을 알려달라고 하여 이동하시면 아마 남양주시법원과 가까운 곳으로 수납은행을 안내하면 그 수납은행의 창구에 인지(소송등 인지의 현금납부서) 3장으로 구성된 것을 작성하고 송달료(예납·추납) 납부서 3장으로 구성된 것을 같이 작성해 내시면 수납창구에서 인지에 대해서는 소송등 인지의 현금영수필확인서와 같은 영수증을 돌려주고 송달료에 대해서는 법원제출용과 영수증을 주면 영수증은 잘 보관하시고 남양주시법원으로 가서 지급명령신청 독촉계에 내시면 '차'자로 된 사건번호를 적어오면 그 다음날 오후부터 대법원 나의 사건 검색창에서 위 사건번호로 사건진행상황을 모두 확인할 수 있습니다.

의정부지방법원 동두천시법원에 접수하실 경우 동두천시법원도 법원 안에 수납은행이 상주하지 않으므로 먼저 동두천시법원 전화번호 031) 862-2411, 864-0214로 전화하여 인지와 송달료의 수납은행을 알려달라고 하여 이동하시면 아마 동두천시법원과 가까운 곳에 위치하는 수납은행을 안내하면 그 수납은행의 창구에 인지(소송등 인지의 현금납부서) 3장으로 구성된 것을 작성하고 송달료(예납·추납)납부서 3장으로 구성된 것을 같이 작성해 내시면 수납창구에서 인지에 대해서

는 소송등 인지의 현금영수필확인서와 같은 영수증을 돌려주고 송달료에 대해서는 법원제출용과 영수증을 주면 영수증은 잘 보관하시고 남양주시법원으로 가서 지급명령신청 독촉계에 내시면 '차'자로 된 사건번호를 적어오면 그 다음날 오후부터 대법원 나의 사건 검색창에서 위 사건번호로 사건진행상황을 모두 확인할 수 있습니다.

또한 직접 법원으로 가실 수 없는 경우에는 위와 같이 지급명령신청서 1통, 당사자표시 3통을 작성하여 수납은행에서 인지대와 송달료를 수납하고 가까운 우체국으로 가서 위 해당하는 법원의 독촉사건 담당자 앞으로 보내신 후 3일 후 접수한 법원으로 전화하여 사건번호를 물어보시면 사건번호를 알려줍니다.

지급명령신청서

채 권 자 : ○   ○   ○

채 무 자 : 주 식 회 사   ○○○○

소송물 가액금	금	5,117,000원
첨부할 인지액	금	2,500원
첨부한 인지액	금	2,500원
납부한 송달료	금	29,600원
비 고		

김천지원 구미시법원 귀중

지급명령신청서

1.채권자

성 명	○ ○ ○	주민등록번호	생략
주 소	경상북도 ○○시 ○○○길 ○○, (○○동 ○○-○○) ○○○=○○○호		
직 업	회사원	사무실 주 소	생략
전 화	(휴대폰) 010 - 4589 - 0000		
기타사항	이 사건 채권자입니다.		

2.채무자

성 명	(주) ○○○○	법인등록번호	생략
주 소	경상북도 ○○시 ○○○로 ○○, ○층(○○동)		
대 표 자	대표이사 ○ ○ ○		
전 화	(사무실) 054) 000-0000		
기타사항	이 사건 채무자입니다.		

3.체불임금 청구의 독촉사건

신 청 취 지

채무자는 채권자에게 금 5,117,000원 및 이에 대한 ○○○○. ○○. ○○.부터 이 사건 지급명령결정 정본이 송달된 날까지는 **연 5%**의, 그 다음날부터 다 갚는 날까지는 **연 15%**의 각 비율에 의한 금원 및 아래 독촉절차비용을 합한 금액을 지급하라는 지급명령을 구합니다.

- 아 래 -

금   32,100 원   독촉절차비용

- 내 역 -

금   2,500 원   수입인지
금   29,600 원   송달료

신 청 이 유

1. 채무자는 건설업을 주목적으로 설립된 법인이며 채권자는 ○○○○. ○
○. ○○. 채무자로부터 고용되어 ○○○○. ○○. ○○.까지 근무한 사
실이 있습니다.

2. 채권자는 채무자와의 사이에 ○○○○. ○○. ○○. 근로계약을 체결한
사실이 있는데 이 사건 근로계약에 의하면 매월 급료로 **금 4,167,000원**과
그 밖의 금품명목으로 매월 식대 및 교통비로 **금 950,000원**을 합계 매월
5,117,000원을 지급받기로 하였습니다.

3. 채권자는 채무자로부터 ○○○○. ○○.월분부터 **5월**분까지는 위 약정급
료를 지급받았으나 채무자는 채권자에게 ○○○○. ○○. ○○.에 지급하
여야 하는 **6월**분의 급료 **금 5,117,000원**을 지급하지 않았습니다.

4. 이에 채권자는 하는 수 없이 채무자를 상대로 별지 첨부한 중부지방고용
노동청 ○○지청에 민원을 제기하기에 이르렀고 중부지방고용노동청 ○○
지청장으로부터 체불 임금 등·사업주 확인서를 받았음에도 채무자는 위
급료를 현재에 이르기까지 지급하지 않고 있습니다.

5. 따라서 채권자는 채무자로부터 위 체불임금 **금 5,117,000원** 및 이에 대한

체불임금 지급일인 ○○○○. ○○. ○○.의 그 다음날인 ○○○○. ○○. ○○.부터 이 사건 지급명령결정정본을 송달받은 날까지는 **연 5%**의, 그 다음날부터 다 갚는 날까지는 소송촉진 등에 관한 특례법에서 정한 **연 15%**의 각 비율에 의한 이자, 지연손해금 및 독촉절차비용을 합한 금액의 지급을 받기 위하여 이 사건 지급명령신청에 이른 것입니다.

소명자료 및 첨부서류

1. 소 갑제1호증   체불 임금 등·사업주 확인서
1. 채무자 법인의 등기부등본
1. 송달료납부서
1. 인지납부확인서

○○○○ 년 ○○ 월 ○○ 일

위 채권자 : ○ ○ ○   (인)

김천지원 구미시법원 귀중

당사자표시

1.채권자

성 명	○ ○ ○	주민등록번호	생략
주 소	경상북도 ○○시 ○○○길 ○○, (○○동 ○○-○○) ○○○-○○○호		
직 업	회사원	사무실 주 소	생략
전 화	(휴대폰) 010 - 4589 - 0000		
기타사항	이 사건 채권자입니다.		

2.채무자

성 명	(주) ○○○○	법인등록번호	생략
주 소	경상북도 ○○시 ○○○로 ○○, ○층(○○동)		
대 표 자	대표이사 ○ ○ ○		
전 화	(사무실) 054) 000-0000		
기타사항	이 사건 채무자입니다.		

3.체불임금 청구의 독촉사건

신 청 취 지

채무자는 채권자에게 금 5,117,000원 및 이에 대한 ○○○○. ○○. ○○.부터 이 사건 지급명령결정 정본이 송달된 날까지는 **연 5%**의, 그 다음날부터 다 갚는 날까지는 **연 15%**의 각 비율에 의한 금원 및 아래 독촉절차비용을 합한 금액을 지급하라는 지급명령을 구합니다.

<pre>
                  - 아   래 -
   금   32,100 원   독촉절차비용

                  - 내   역 -
   금   2,500 원   수입인지
   금   29,600 원   송달료
</pre>

신 청 이 유

1. 채무자는 건설업을 주목적으로 설립된 법인이며 채권자는 ○○○○. ○
   ○. ○○. 채무자로부터 고용되어 ○○○○. ○○. ○○.까지 근무한 사
   실이 있습니다.

2. 채권자는 채무자와의 사이에 ○○○○. ○○. ○○. 근로계약을 체결한
   사실이 있는데 이 사건 근로계약에 의하면 매월 급료로 **금 4,167,000원**과
   그 밖의 금품명목으로 매월 식대 및 교통비로 **금 950,000원**을 합계 매월
   5,117,000원을 지급받기로 하였습니다.

3. 채권자는 채무자로부터 ○○○○. ○○.월분부터 **5월**분까지는 위 약정급
   료를 지급받았으나 채무자는 채권자에게 ○○○○. ○○. ○○.에 지급하
   여야 하는 **6월**분의 급료 **금 5,117,000원**을 지급하지 않았습니다.

4. 이에 채권자는 하는 수 없이 채무자를 상대로 별지 첨부한 중부지방고용
   노동청 ○○지청에 민원을 제기하기에 이르렀고 중부지방고용노동청 ○○
   지청장으로부터 체불 임금 등·사업주 확인서를 받았음에도 채무자는 위
   급료를 현재에 이르기까지 지급하지 않고 있습니다.

5. 따라서 채권자는 채무자로부터 위 체불임금 **금 5,117,000원** 및 이에 대한

체불임금 지급일인 ○○○○. ○○. ○○.의 그 다음날인 ○○○○. ○○. ○○.부터 이 사건 지급명령결정정본을 송달받은 날까지는 **연 5%**의, 그 다음날부터 다 갚는 날까지는 소송촉진 등에 관한 특례법에서 정한 **연 15%**의 각 비율에 의한 이자, 지연손해금 및 독촉절차비용을 합한 금액의 지급을 받기 위하여 이 사건 지급명령신청에 이른 것입니다.

- 끝 -

접수방법

1. 관할법원

이 사건은 체불임금 청구사건이므로 의무이행지인 채권자의 주소지인 경상북도 경주시도 관할법원이고, 채무자의 보통재판적 주소지인 경상북도 구미시도 관할법원이 되기 때문에 채권자는 편리하다고 생각되는 다음의 관할법원을 선택하여 지급명령신청을 하시면 됩니다.

대구지방법원 김천지원 구미시법원
경상북도 구미시 봉곡로10길 5-8(봉곡동 420)
전화번호 054) 455-6660

대구지방법원 경주지원
경상북도 경주시 화랑로 89(동부동 203)
전화번호 054) 770-4300

2. 수입인지 계산

이 사건은 청구금액이 금 5,117,000이므로 5,117,000×0.005÷10 = 2,558원이 됩니다. 여기서 끝부분 100원 미만(58원)은 버리면 실제 납부할 인지액은 금 2,500원입니다.

3. 송달료금 계산

송달료는 1회분이 3,700원입니다. 이 사건은 채권자1인 채무자1인이므로 각 4회분씩 총 8회분의 금 29,600원이 됩니다.

4. 준비서류

1) 지급명령신청서 **1통**, 2) 당사자표시 **3통**, 3) 수입인지 납부서 **1통**,
4) 송달료 납부서 **1통**, 5) 소 갑제1호증 체불 임금 등·사업주 확인서,
6) 채무자가 법인이므로 법인등기부등본을 첨부,

5. 제출하는 방법

채권자는 지급명령신청서에 소 갑제1호증 체불 임금 등·사업주 확인서를 첨부하여 **1통**을 프린트하고 이어서 당사자표시 **3통**을 작성하고

대구지방법원 김천지원 구미시법원에 접수하실 경우 구미시법원에는 수납은행이 상주하지 않으므로 구미시법원 전화번호 **054) 455-6660**으로 전화하여 수납은행을 안내받아 이동하시면 구미시법원이 가까운 수납은행으로 가면 수납은행 창구에 보시면 인지(소송등 인지의 현금납부서) **3장**으로 구성된 것을 작성하고 송달료(예납·추납)납부서 **3장**으로 구성된 것을 같이 작성해 수납은행 창구에 내시면 수납창구에서 인지에 대해서는 소송등 인지의 현금영수필확인서와 같은 영수증을 돌려주고 송달료에 대해서는 법원제출용과 영수증을 주면 영수증은 잘 보관하시고 구미시법원 안에 지급명령신청 독촉계에 내시면 '차' 자로 된 사건번호를 적어오면 그 다음날 오후부터 대법원 나의 사건 검색창에서 위 사건번호로 사건진행상황을 모두 확인할 수 있습니다.

대구지방법원 경주지원에 접수하실 경우 경주지원에는 수납은행이 상주기 때문에 수납은행의 창구에 보시면 인지(소송등 인지의 현금납부서) **3장**으로 구성된 것을 작성하고 송달료(예납·추납)납부서 **3장**으로 구성된 것을 같이 작성해 수납은행 창구에 내시면 수납창구에서 인지에 대해서는 소송등 인지의 현금영수필확인서와 같은 영수증을 돌려주고 송달료에 대해서는 법원제출용과 영수증을 주면 영수증은 잘 보관하시고 경주지원으로 가서 지급명령신청 독촉계에 내시면 '차' 자로 된 사건번호를 적어오면 그 다음날 오후부터

대법원 나의 사건 검색창에서 위 사건번호로 사건진행상황을 모두 확인할 수 있습니다.

또한 직접 법원으로 가실 수 없는 경우에는 위와 같이 지급명령신청서 **1** 통, 당사자표시 **3통**을 작성하여 수납은행에서 송달료와 인지대를 수납한 다음 가까운 우체국으로 가서 위 해당하는 법원의 독촉사건 담당자 앞으로 보내신 후 **3일** 후 접수한 법원으로 전화하여 사건번호를 물어보시면 사건번호를 불러줍니다.

◨ **대한법률편찬연구회** ◨

연구회 발행도서
-2018년 소법전
-고소장 작성방법과 실무
-탄원서 의견서 작성방법과 실무
-소액소장 작성방법과 실무
-항소 항고 이유서 작성방법과 실제

【구매 이벤트】책에 수록되어있는 서식 증정

○ 본 출판사 이메일 [hhklb@naver.com]로 구매인증(구매한 영수증 사진첨부)
○ 영수증 사진과 연락받으실 수 있는 전화번호(휴대전화)를 위 이메일로 보내주십시오.
○ 책 차례에 있는 서식 중 택1 하셔서 기입해주시면 이메일로 발송(아래한글2010.hwp 파일)
* 서식양식은 아래한글 파일로 그대로 수정해서 사용하실 수 있는 양식을 말합니다.

나홀로 작성, 접수, 마무리까지

지급명령 신청방법   정가 24,000원

2018年 1月 10日 1版 印刷
2018年 1月 15日 1版 發行
　편　　저 : 대한법률편찬연구회
　발 행 인 : 김 현 호
　발 행 처 : 법문 북스
　공 급 처 : 법률미디어

152-050
　서울 구로구 경인로 54길4(구로동 636-62)
　TEL : (02)2636-2911~2,　FAX : (02)2636~3012
　등록 : 1979년 8월 27일 제5-22호
　Home : www.lawb.co.kr

▌ISBN 978-89-7535-639-1 (13360)
▌파본은 교환해 드립니다.
▌본서의 무단 전재·복제행위는 저작권법에 의거, 3년 이하의
징역 또는 3,000만원 이하의 벌금에 처해집니다.

채권자는 독촉절차를 이용할 수도 있고,
곧바로 이행의 소를 제기할 수도 있는 선택의 자유를 가집니다.

지급명령은 금전 등의 분쟁을 간이·신속하게 해결하기 위한 소송절차로서,
'이행의 소'의 대용절차인 동시에 판결절차의 선행절차이기도 합니다.

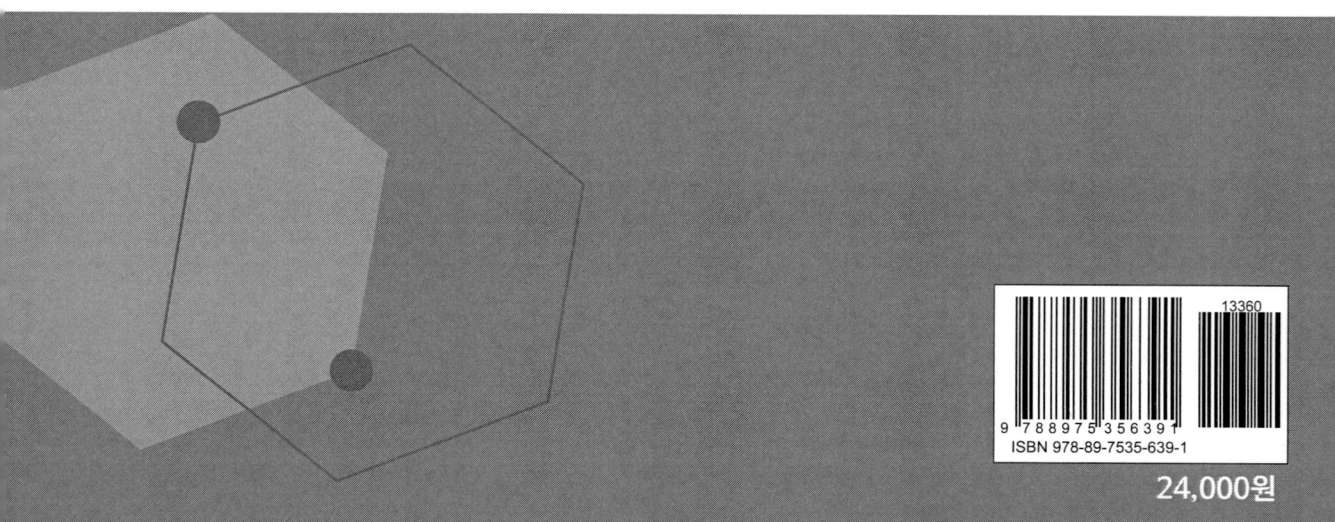

13360
ISBN 978-89-7535-639-1
9 788975 356391

24,000원